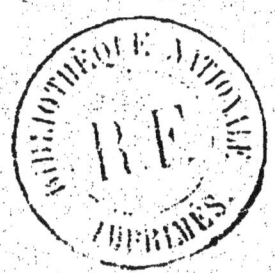

DE L'ALEA

JEUX, OPÉRATIONS DE BOURSE, LOTERIES & TOMBOLAS

VALEURS A LOTS, CRÉDIT FONCIER

REIMS. IMPRIMERIE E. BUGG.

DE L'ALEA

JEUX, OPÉRATIONS DE BOURSE

LOTERIES & TOMBOLAS

VALEURS A LOTS, CRÉDIT FONCIER

Par A. GODA

ANCIEN PRÉSIDENT DE LA CHAMBRE DES NOTAIRES DE REIMS

MEMBRE DE L'ACADÉMIE DE REIMS

PRIX : 5 FRANCS

PARIS

DELAMOTTE Fils & Cⁱᵉ, Libraires-Éditeurs, 53, quai des Grands-Augustins, 53.

DÉPÔTS EN PROVINCE.

1882

AU LECTEUR

—

Une préoccupation essentiellement morale et philanthropique est en ce moment à l'ordre du jour.

Elle a pour objet l'amélioration du sort de toutes les classes de la société, mais principalement de celles dont les membres, originairement peu favorisés de la fortune, ont cependant la louable ambition de chercher à sortir de leur position première et à conquérir pour eux et leur famille un rang supérieur.

La base principale de ce progrès si désiré, la clef de voûte sur laquelle il repose, c'est la volonté secondée par des efforts soutenus.

Les Économistes doivent donc avant tout enseigner que, pour obtenir des résultats heureux, il faut les demander au travail; c'est sur lui qu'on doit uniquement s'appuyer; il doit être le point de départ de qui veut progresser.

Si des chances inattendues viennent s'ajouter au travail, le favorisé peut rendre grâce à son heureuse étoile et en profiter, mais personne ne doit compter sur les éventualités, et, d'un autre côté, celui auquel la chance fait défaut ne doit pas se décourager; il doit se raidir contre le sort et chercher à le combattre.

En publiant un ouvrage, certainement très incomplet, ce que j'ai surtout en vue c'est détourner les personnes prudentes d'illusions presque toujours déçues, empêcher de compter sur des chances improbables, contrecarrer et combattre le sort, s'il se présente dans des conditions défavorables, enfin mettre en application l'ancien précepte : LABOR IMPROBUS OMNIA VINCIT.

Je n'ose espérer que j'atteindrai de suite un grand succès : pendant quelque temps, ma voix sera probablement VOX CLAMANTIS IN DESERTO; *mais avec de la persévérance et de l'énergie, elle parviendra, je l'espère, à se faire entendre; et la persévérance est permise, lorsqu'on poursuit un but purement humanitaire et en dehors de toute passion politique; que les principes qu'on cherche à faire prévaloir n'ont pas seulement un intérêt d'actualité, mais sont applicables dans tous les temps et dans tous les pays, et que la propagande peut se poursuivre et se continuer sans modification sous tous les régimes.*

A. GODA.

EXPOSÉ PRÉLIMINAIRE

De l'ALEA.

Son Caractère. — Sa Définition. — Ses diverses Combinaisons.

La qualification d'aléatoire, du mot latin *alea*, c'est-à-dire incertain, se donne à tout ce qui est subordonné au hasard et dont les conséquences et les résultats sont indépendants des efforts et de la volonté.

L'homme n'attend pas toujours du destin les émotions de l'*alea*; il les recherche quelquefois et les fait naître comme dans le jeu, le pari, etc., etc.

Quelquefois, au contraire, il en redoute les résultats et les conséquences et cherche à les combattre, à leur opposer une digue, enfin à les annihiler, ou au moins les amoindrir autant que possible, et, pour cela, il a recours aux assurances et autres mesures de prudence.

Partout où les questions d'économie sociale et de moralité ont été étudiées et approfondies, on s'est occupé sérieusement des combinaisons par lesquelles on se procure ces émotions ou on cherche à les éviter et des divers actes et contrats qui les concernent.

Notre Code civil consacre un titre aux contrats et conventions aléatoires.

D'après son article 1964, « le contrat aléatoire est
» une convention réciproque dont les effets, quant
» aux avantages et aux pertes, sont, soit pour
» toutes ses parties, soit pour l'une ou plusieurs
» d'entre elles, dépendant d'un événement incertain. »

Tels sont, porte le même article :

» Les contrats d'assurances,

» Les prêts à la grosse aventure,

» Les contrats de rente viagère,

» Le jeu et le pari.

» Les deux premiers sont régis par les lois maritimes. »

Diverses combinaisons de l'Alea.

Du Tirage au sort.

Dans cette énumération, on devrait voir figurer un autre contrat, le *tirage au sort*, dont il est fait usage soit pour l'attribution à un seul d'un objet non partageable, soit pour désigner le lot de chaque ayant-droit dans des valeurs mobilières et immobilières indivises jusqu'à ce moment.

L'*alea*, c'est-à-dire le hasard, en est la base principale et en détermine uniquement le résultat ; cet acte, qui ne rentre ni dans le jeu ni dans le pari, devrait figurer nominativement au nombre des contrats dont parle le Code civil ; car c'est la combinaison aléatoire la plus ancienne, celle dont l'histoire nous a laissé les plus nombreuses traces.

Si nous remontons jusqu'à l'Ecriture, nous voyons la robe de Jésus tirée au sort entre ses bourreaux, parce qu'elle était sans couture et conséquemment impartageable.

Après la victoire, c'est au moyen du tirage au sort qu'avait lieu entre les combattants le partage des biens de toute nature restés en possession des vainqueurs.

La bataille de Soissons ayant été favorable aux soldats de Clovis, ce dernier réclama pour sa part de butin un vase précieux de l'église de Reims, mais un des combattants lui répondit, avec une brutalité qui devait plus tard lui coûter la vie : « Tu » l'auras si le sort te le donne. [1] »

De nos jours, le tirage au sort est d'un usage très fréquent : c'est lui qui préside au recrutement de l'armée, [2] à la désignation des jurés criminels, [3] etc., etc.

C'est par la voie du tirage au sort qu'on procède au partage de la plupart des successions, sociétés et autres droits indivis.

---

[1] La liaison entre Chlovis et saint Remy commence à l'occasion d'un vase précieux de l'église de Reims qui se trouvait dans le butin de l'église de Soissons et que Remy réclama ; Chlovis, désirant complaire à l'Evêque, demanda ce vase à ses soldats pour sa part du butin, mais l'un d'eux lui dit : « Tu l'auras si le sort te le donne. »

A quelque temps de là, le Roi, passant ses bandes en revue, arracha au soldat sa francisque ; celui-ci se baissant pour la ramasser, Chlovis lui fend la tête de sa hache en lui disant : « Souviens-toi du vase de Soissons! » (Grégoire de Tours. Livre II)

[2] Loi du 21 Mars 1832 et autres lois modificatives et complémentaires.

[3] Loi du 4 Juin 1853 et autres lois modificatives.

Bien que le législateur n'ait pas compris le tirage au sort au nombre des contrats aléatoires énumérés dans l'article 1964, il ne l'a cependant pas oublié, et les règles le concernant sont prescrites par le Code civil, article 831 et suivants.

Des Contrats d'Assurance.

Parmi les contrats aléatoires énumérés dans le Code civil figurent en première ligne les contrats d'assurance.

Ces contrats étaient à peu près ignorés des anciens, comme contrats *sui generis*; l'idée en appartient à la génération moderne. C'est chez les peuples d'origine féodale qu'ils se sont élevés à la hauteur de véritables contrats; [1] mais, jusqu'à l'adoption de notre Code actuel, ils n'avaient été appliqués qu'aux assurances maritimes; [2] c'est probablement la raison pour laquelle les rédacteurs du Code civil les ont renvoyés à nos lois maritimes, bien qu'à cette époque on connaissait déjà l'assurance contre l'incendie pratiquée en Angleterre et dont l'essai avait été fait en France.

De nos jours, les assurances ont pris un immense développement et embrassent toute espèce de risques : assurances maritimes, assurances contre l'incendie, la grêle, les accidents, les désastres commerciaux, etc., etc.

---

(1) Troplong. Des *Contrats aléatoires*, nombre 9.
(2) Arrêt du Conseil du 3 Octobre 1787 et 7 Juillet 1788.

Ces contrats ont aujourd'hui presque entièrement perdu leur caractère aléatoire; car ils sont devenus le monopole de compagnies dont les opérations se font sur des données généralement reconnues exactes.

Si les assurances sont à primes, ces primes sont calculées d'après des statistiques certaines et vérifiées, et l'*alea*, quand il se présente, n'est que temporaire et disparait lorsque le résultat peut s'établir sur une moyenne de plusieurs années; dans ces assurances, il n'existe donc pas, à proprement parler, de risque pour l'assureur.

Quant à l'assuré, comme il a le choix entre un grand nombre de compagnies, presque toutes d'une solvabilité incontestable, il a la certitude d'être intégralement désintéressé en cas de sinistre. Il n'y a donc pas non plus pour lui de chance aléatoire; au contraire, l'opération qu'il fait l'en garantit.

Si l'assurance est mutuelle, elle a le caractère d'association, et les principes qui régissent les associations régissent également ces assurances; le nombre des assurés entre lesquels le risque se partage en diminue nécessairement l'importance.

Loin d'avoir le caractère d'*alea*, ces contrats ont pour objet de remédier aux fâcheuses conséquences que peuvent entraîner des sinistres résultant de circonstances imprévues et de force majeure et d'en amoindrir les effets en les répartissant entre plusieurs intéressés.

Les assurances sont donc des actes de bonne administration, des mesures de prudence que doivent prendre les pères de famille et toutes les personnes qui veulent sauvegarder leur patrimoine ; les protestations qui peuvent s'élever contre l'*alea* ne doivent pas les atteindre.

Du Prêt à la grosse Aventure.

Le prêt à la grosse, ou à la grosse aventure, est « un contrat par lequel on prête une somme sur » des objets exposés à des risques maritimes, à » condition qu'on la perdra si ces objets périssent ; » mais que, s'ils arrivent à bon port, l'emprunteur » la rendra avec une autre somme convenue nom- » mée profit maritime. » [1]

Indépendamment des conditions ordinaires, il exige la réunion des quatre conditions suivantes :

1° Une somme prêtée ;

2° Un objet sur lequel le prêt est fait ;

3° Des risques auxquels cet objet soit exposé et à la charge du prêteur ;

4° Un profit pour l'emprunteur au-delà du capital prêté en cas de bonne arrivée. [2]

Le prêt à la grosse a une origine plus ancienne que les contrats d'assurances ; il remonte aux Athéniens qui le pratiquaient sur une grande échelle,

---

[1] (Rolland de Villargues. Répertoire du Notariat ; du prêt à la grosse). Code de commerce : des contrats à la grosse (Articles 311 à 331).

[2] Pardessus n° 890.

parce qu'il favorisait leur commerce maritime très étendu avec la Syrie, l'Egypte, etc., etc.

Les Romains les imitèrent, et ces prêts furent pour les familles patriciennes la source d'immenses bénéfices.

Leur taux d'intérêt n'était pas limité et dépassait de beaucoup le taux des intérêts ordinaires. Ils étaient considérés comme une association partielle. (1)

Les prêts à la grosse étaient d'un usage fréquent au Moyen-Age pour plusieurs raisons :

La noblesse, qui ne pouvait sans déroger se livrer au commerce et à l'industrie, n'était pas fâchée d'entrer dans leurs bénéfices par un moyen détourné comme le prêt à la grosse.

On ne connaissait pas alors les actions et obligations industrielles et les emprunts publics.

---

(1) Rien de plus fastidieux et de plus rempli de contradictions que les discussions des auteurs qui ont cherché à préciser quel était l'intérêt de l'argent en usage chez les Romains avant la loi des douze tables et dans les temps qui ont suivi immédiatement cette loi; Scasiger, Hotman, Saumaise, Montesquieu même ont émis à cet égard les opinions les plus diverses; quelquefois, il a été mis en avant des taux d'une exagération insensée; d'autres fois, on parle du taux de 1 p. %. dont les prêteurs auraient même demandé une diminution de 1/2.

Ces recherches n'ont qu'un intérêt de curiosité historique, car si les législateurs modernes ont besoin d'étudier les législations anciennes, notamment la législation Romaine, c'est à l'époque où Rome est sortie de la barbarie et de ses lois primitives, c'est lorsque, imitant les mœurs de la Grèce, elle prit sa place dans le monde civilisé et commercial.

Or, à cette époque, Cicéron avait fait adopter en moyenne l'intérêt ordinaire à 12 %. et avait constamment insisté pour son maintien.

L'intérêt maritime, au contraire, montait jusqu'à 20 p. %. et il était conséquemment préféré par le prêteur, malgré le risque encouru ; car ce risque était limité, les excursions maritimes ne s'étendant pas loin et les traversées étant généralement connues.

En dehors des acquisitions d'immeubles, il restait donc seulement les prêts à intérêts; mais ces prêts étaient frappés d'un ostracisme résultant d'une fausse interprétation de l'Evangile, que les docteurs en droit Canon considéraient comme défendant le prêt à intérêt.

Or, cet ostracisme ne s'étendait pas aux prêts à la grosse, parce que les intérêts étaient considérés comme le paiement du risque et étaient couverts par l'exception du *periculum emergens*: conséquemment, ces prêts ne donnaient lieu à aucune critique, soit au point de vue de la validité, soit au point de vue du taux des intérêts.

Ces prêts étaient d'un usage très répandu en France, lors de la rédaction du code de commerce; aussi ses auteurs ont cru devoir lui consacrer un titre entier: le titre IV du livre concernant le code maritime, dans lequel il en définit et précise les règles et les conditions.

Pendant quelque temps, après sa promulgation, ces prêts continuèrent à être d'un usage assez fréquent; on en voit encore aujourd'hui, mais ils sont peu nombreux et tendent à disparaitre.

En effet, les assurances maritimes sont venues amoindrir les risques de la navigation; diverses dispositions légales permettent de donner au prêteur des sécurités suffisantes; enfin les prêts ordinaires n'étant plus sous le coup de la réprobation qui pesait sur eux, les armateurs trouvent aisément à emprunter dans des conditions normales et n'ont plus recours aux prêts à la grosse.

Des Contrats de Rente viagère.

L'article 1964 comprend la rente viagère au nombre des contrats qu'il qualifie d'aléatoires.

L'origine de cette convention, bien qu'antérieure à notre époque, ne remonte pas aussi loin que celle des prêts à la grosse aventure.

Elle n'était pas en usage chez les Romains ; « ce
» peuple superstitieux voyait de tristes augures
» dans les conventions qui faisaient reposer quelque
» espérance sur la mort de l'homme. Il les bannis-
» sait comme impies, inhumaines et propres à exci-
» ter au crime. » [1]

Elle fut adoptée en France au Moyen-Age, mais non sans résistance, et cette résistance ne s'appuyait pas seulement, comme chez les Romains, sur ce qu'elle pouvait avoir d'immorale, parce qu'elle faisait considérer comme objectif durable la mort du rentier, mais encore sur son affinité avec les prêts à usure, c'est-à-dire à intérêts; car à cette époque, de même qu'à Rome, on donnait le nom d'usure à tout intérêt perçu, n'importe le taux.

Cependant, on revint bientôt à une interprétation plus logique et le capital de la rente viagère étant aliéné, on la considéra comme la vente d'une somme dont le prix est payable par annuités.

Le prix variant suivant la longévité du rentier,

---

[1] Troplong. Des Contrats aléatoires, n° 204.

ce contrat a réellement le caractère aléatoire, c'est pourquoi l'article 1964 le fait figurer au nombre de ces contrats.

Pothier lui trouve de l'analogie avec la constitution de rente perpétuelle : « La rente viagère, dit-il, » de même que le contrat de rente perpétuelle, est » une espèce de contrat de vente par lequel vous » me vendez une rente viagère ou perpétuelle dont » vous vous constituez débiteur pour le prix d'une » certaine somme que vous recevez de moi. (1) »

Restait l'objection morale qui consistait à repousser une convention qui incitait à considérer comme une chance désirable la mort d'un des contractants, mais cette considération fléchissait devant l'utilité et les avantages que présentaient dans beaucoup de cas les contrats de rente viagère.

Ces contrats, en effet, permettaient souvent à des rentiers jouissant de modestes revenus et n'ayant pas d'héritiers directs, d'améliorer une position trop précaire, et il paraît équitable que les personnes qui ont procuré cette amélioration en payant une redevance plus élevée, dont l'excédant peut être considéré comme un à-compte sur le capital, rentrent dans cet excédant de préférence à des collatéraux, quelquefois inconnus, qui n'y ont contribué en rien et dont la reconnaissance pour des privations supportées dans leur intérêt est au moins problématique.

Au surplus, de nombreuses Compagnies d'assu-

---

(1) Pothier, Des Rentes viagères, n° 216.

rances sur la vie se sont formées, fonctionnent aujourd'hui avec activité et présentent toutes garanties de sécurité.

Ces Compagnies ont à peu près le monopole des placements en viager, et le scrupule disparaît devant leur organisation, car, elles aussi, procèdent sur des données générales et authentiques, et aucun des intéressés n'a personnellement comme objectif la mort du créancier.

Le Code civil a reconnu la validité des rentes viagères, et son article 1968 porte :

« La rente viagère peut être constituée à titre
» onéreux moyennant une somme d'argent ou pour
» une chose mobilière appréciable ou pour un im-
» meuble. »

La section 1re du chapitre II du titre XII est consacrée entièrement à établir la règle de ce contrat de rente viagère qui peut être constituée soit à titre onéreux, soit à titre gratuit.

Dans ce dernier cas, il est soumis aux règles des donations.

La liberté la plus absolue est laissée aux contractants pour la fixation du taux des arrérages. [1]

Quant aux conditions, il n'y est apporté aucune limite ; c'est peut-être une faute, car la pratique en fait souvent rencontrer d'une rigidité impitoyable

---

(1) Code civil, article 1976.

dont l'exécution est cependant sanctionnée par la jurisprudence.

Nous citerons notamment la clause pour laquelle le remboursement de la somme versée peut être intégralement exigé, n'importe à quelle époque, à défaut de paiement d'un ou deux termes d'arrérages ; ainsi, nous avons vu des rentiers, après avoir touché pendant un nombre considérable d'années un intérêt souvent presque double de l'intérêt légal, obtenir, en vertu de cette clause léonine, le remboursement du capital intégral lorsque le rentier était arrivé à un âge où, d'après les probabilités, le service de la rente ne pouvait être continué longtemps.

Il serait peut être difficile de remédier à cet abus par la voie législative, car nous sommes en présence du grand principe de la liberté de conventions ; en outre, les dispositions de loi purement civiles et sans portée politique sont presque toujours condamnées à un stage assez long dans les cartons de nos Parlements.

Mais nous pensons que le cas devrait être prévu dans les contrats de constitution et qu'on pourrait y insérer des conditions qui amoindriraient les inconvénients.

C'est un point sur lequel nous croyons devoir appeler l'attention des contractants et des personnes chargées de la rédaction de leurs conventions.

Nous venons d'examiner les règles et les principes des trois premiers contrats aléatoires indiqués par le Code civil.

Nous avons fait observer :

Que les contrats d'assurances contractés, comme cela a lieu aujourd'hui, avec des Compagnies sérieuses, loin de présenter le caractère d'*alea*, sont au contraire des mesures de prudence et de bonne gestion qu'on ne peut trop recommander aux pères de famille sages et prévoyants, et que leur but principal est de se garantir, eux et leur famille, contre les désastres aléatoires pouvant atteindre les personnes qui y ont recours ;

Que les prêts à la grosse aventure ont été d'un usage très fréquent chez les anciennes nations civilisées et en France au Moyen-Age et jusqu'à la promulgation du Code ;

Que si on a pu leur reprocher quelquefois un caractère usuraire, on ne peut méconnaître qu'ils ont donné une vive impulsion au commerce maritime, qu'on leur doit d'avoir vu augmenter ses relations entre des pays séparés par la mer ;

Qu'ils ont à peu près fait leur temps, mais que leur ancienne utilité ne peut être mise en doute ;

Que la constitution d'une rente viagère est un contrat qui, au point de vue moral, peut quelquefois donner lieu à des critiques spécieuses, mais qui, dans certaines circonstances, présente des avantages incontestables, et que ces constitutions contractées avec des Compagnies fonctionnant dans des conditions de généralité et sur des statistiques connues, n'ont plus le caractère de convoitise blâmable qu'on peut reprocher à celles contractées par des conventions particulières.

Restent le jeu et le pari que le Code confond dans le même paragraphe et qui, en effet, sont soumis aux mêmes règles et aux mêmes principes.

Ce sont eux qui, avec leurs dérivés — les *opérations de bourse*, les *loteries* et les *valeurs à lots* — forment l'objet principal de ce travail.

Toutefois, nous ferons observer que les termes de l'article 1964 ne sont pas limitatifs.

Nous avons déjà cité comme contrat aléatoire ne figurant pas dans cet article le tirage au sort, qui présente cependant tous les caractères d'une convention dont le résultat est soumis au sort.

Nous ajouterons que tout ce qui concerne l'humanité est plus ou moins soumis à l'*alea*, et cela non-seulement pour les opérations sérieuses, mais pour les actes qui n'ont d'autre objet que l'émulation et le plaisir.

Quelles que soient l'adresse et l'expérience du chasseur et du pêcheur, l'*alea* contribue souvent autant qu'eux à garnir son filet et son carnier.

Quels que soient l'aptitude et les efforts de l'industriel et du spéculateur, c'est le plus souvent du sort que dépend la réussite de ses opérations.

L'homme peut trouver des combinaisons aléatoires et en profiter ; il peut se garer de l'influence du sort, mais en partie seulement ; le plus souvent, il est obligé de subir cette influence et de s'y résigner.

DU JEU & DE LA BOURSE

Du Jeu proprement dit.

Pris à son point de vue ordinaire, c'est-à-dire considéré comme récréation, le jeu n'a jamais été condamné ni blâmé, et il a été en usage à toutes les époques et dans tous les pays.

L'histoire ancienne nous montre Ésope jouant aux noix avec des enfants ; la grande distraction de Scipion l'Africain était de s'exercer avec son ami Lœlius à un jeu désigné par le nom un peu trivial de cochonnet [1] en avant et qui consistait à faire rouler des pierres et à les ramasser en courant. Domitien chassait aux mouches, jeu d'une espèce particulière. La tradition fait remonter à la Grèce antique l'origine du passif et populaire jeu d'oie.

A une époque plus rapprochée, nombre de jeux ont été inventés, recommandés, ordonnés même comme remèdes hygiéniques, préventifs et curatifs.

Enfin, de tous temps, des hommes sérieux, des savants, des célébrités de toutes les parties ont cherché dans le jeu des distractions à leurs occupations ordinaires.

---

[1] C'est probablement de ce jeu que dérive le nom de *Cochonnet* par lequel on désigne l'élément principal du jeu de Boule actuel.

Troplong a écrit : « L'homme a besoin de délas-
» sement; à côté de la peine et du travail, la nature
» propice a mis la distraction et le plaisir; le jeu en
» lui-même est donc dans les fins de la nature. [1] »

Il existe plusieurs sortes de jeux :

Les jeux exclusivement d'adresse.

Les jeux où le hasard est tout puissant.

Les jeux où le hasard a sa large part, mais dans lesquels il est contrarié, corrigé soit par l'adresse, soit par l'expérience, en un mot par le talent du joueur.

On a toujours encouragé les jeux exclusivement d'adresse, et à juste titre, car ils développent en même temps les facultés physiques et les facultés morales : *Mens sana in corpore sano*. Ils peuvent et doivent même entrer dans tous les systèmes d'éducation.

Les jeux dans lesquels le hasard est corrigé par l'adresse et le talent sont souvent aussi de salutaires distractions, car pour beaucoup de joueurs, le gain, s'il en est stipulé, n'est qu'un appât secondaire, l'amour-propre y domine souvent; on peut les encourager tant que leur attrait n'entraîne pas jusqu'à l'abus et ne détourne pas d'occupations sérieuses.

Les jeux dans lesquels le hasard est tout puis-

---

[1] Troplong. *Des Contrats aléatoires.*

sant, bien qu'un gain soit stipulé, ne sont pas non plus blâmables, s'ils restent à l'état d'amusement et de distraction; mais, quand ils s'écartent de ce but, lorsque l'appât du gain, le désir d'obtenir des émotions fiévreuses et surexcitantes deviennent leur principal objectif, on s'est toujours demandé si cette espèce de jeu, bien que n'ayant rien de contraire à l'équité, doit être autorisé ou défendu, où s'il est seulement besoin de le surveiller et réglementer. [1]

Chacun des systèmes a eu ses partisans. Sans nous étendre sur les controverses auxquelles ils ont donné lieu, nous nous bornerons à un examen sommaire de la question au point de vue légal.

A Rome, sous les empereurs, lorsque le luxe et les plaisirs devinrent à l'ordre du jour, les jeux d'argent jouissaient d'une grande faveur; cependant, la loi ne les protégeait pas, car non-seulement elle n'accordait aucune action pour les dettes de jeu, mais elle autorisait sans restriction la répétition des sommes payées.

Sous l'ancienne législation française, la loi ne les protégeait pas non plus; cependant, la jurisprudence n'était pas aussi absolument hostile.

Une ordonnance du mois de Janvier 1629 déclare

---

[1] Troplong. Des *Contrats aléatoires*. Le jeu est un contrat intéressé et aléatoire qui, n'étant considéré qu'en lui-même et sans aucun rapport à la fin que se proposent les joueurs, ne paraît contenir rien de mauvais pourvu qu'on y observe les conditions suivantes : Il faut; 1° Que chacun des joueurs ait le droit de disposer de la somme qu'il joue; 2° que chacun des joueurs apporte au contrat que renferme le jeu un consentement parfait; 3° qu'il y ait égalité dans la partie; 4° que les joueurs aient apporté dans la partie la fidélité qui est requise.

« toutes dettes contractées par le jeu nulles et tou-
» tes obligations ou promesses faites pour le jeu,
» quelque déguisées qu'elles soient, nulles et de nul
» effet et dégagées de toutes obligations civiles et
» naturelles. »

Une déclaration du 1er Mars 1781 vient corroborer cette disposition.

Elle porte article 7.

« Sont nuls et de nul effet tous contrats, obliga-
» tions, promesses, billets, ventes, cessions, trans-
» ports, de quelque nature qu'ils puissent être
» ayant pour cause une dette de jeu, soit qu'ils
» aient été faits par des majeurs ou des mineurs. »

Mais ces dispositions, d'après Delvincourt, paraissant en contradiction avec les termes d'autres ordonnances, le juge ne les appliquait pas toujours, et le tribunal des maréchaux de France, dit tribunal du point d'honneur, ne les admettait entre gentilshommes et militaires que pour des sommes inférieures à 1,000 livres [1]

---

[1] Delvincourt. N° 381, § 4. — Quoique ces dispositions eussent été faites pour les jeux prohibés, la jurisprudence des arrêts les étendit à tous les jeux indistinctement, et on tenait pour maxime générale que toute obligation qui a pour cause les jeux même d'adresse est nulle.
Cependant, on n'autorisait pas entre majeurs la répétition des sommes perdues au jeu, comme semblaient l'autoriser les dispositions ci-dessus citées, puisqu'elles déclaraient les dettes de jeu privées de *tout effet*, même d'*obligation naturelle*.
On se fondait sur ce qu'une ordonnance de Moulins n'accordait qu'aux mineurs le droit de répéter ce qu'ils auraient perdu au jeu; on en concluait que cette répétition était interdite aux majeurs suivant la maxime : *Qui de uno dicit de altero negat.*
Bien plus, ces ordonnances n'étaient pas suivies au Tribunal des maréchaux

On ne cite aucune ancienne disposition formelle concernant la répétition des dettes de jeu volontairement payées.

Aujourd'hui, notre Code civil est plus précis; son article 1965 est ainsi conçu :

« La loi n'accorde aucune action pour une dette
» de jeu ou pour le paiement d'un pari; mais, d'a-
» près l'article 1967 : Dans aucun cas, le perdant
» n'a pas à réclamer ce qu'il a volontairement payé
» à moins qu'il n'y ait eu, de la part du gagnant,
» *dol, supercherie ou escroquerie.* » [1]

Cette dernière disposition paraît cependant être la reproduction des doctrines et principes antérieurs au Code civil.

Les jeux d'argent dont le gain est l'objectif unique ne sont donc pas défendus par nos lois; toutefois, la prohibition de poursuivre en justice le paiement des dettes de jeu indique suffisamment qu'elles n'entendent pas les encourager.

---

de France chargés de connaître des matières qui dépendaient du point d'honneur.

Par un règlement qu'ils avaient fait, les créances qui provenaient de pertes faites au jeu par des gentilhommes ou militaires, et qui n'excédaient pas la somme de 1,000 livres, pouvaient être demandées devant ce tribunal qui condamnait ceux qui les devaient à les payer ainsi ; malgré les dispositions des ordonnances, les juges du point d'honneur tenaient pour maximes que les dettes de jeu établissaient une obligation naturelle que l'honneur ne permet pas de violer.

(1) Pothier. — Chapitre I*er*, section 1*re*, article 2, § 4.

Le joueur qui a usé contre moi de tricheries pour gagner la partie, non-seulement doit me restituer la somme que je lui ai payée pour le prix du jeu, mais s'il paraissait que sans ces tricheries ce fût moi qui l'eusse gagné, il doit, outre la restitution de la somme que je lui ai payée, me payer la somme qu'il m'eût payée si j'eusse gagné la partie, car les dommages-intérêts résultant de son dol, dont il doit m'indemniser, renferment non-seulement la perte que son dol m'a causée, mais le gain dont il m'a privé *quantum mihi abest et quantum lucrari potui*.

Les dispositions de ces articles n'ont jamais été applicables aux obligations résultant des pertes aux jeux d'adresse; mais, à l'égard de ces pertes, le législateur a cru cependant devoir laisser au juge le pouvoir de rejeter la demande si elle lui paraît excessive. [1]

En refusant pour les dettes de jeu la sanction judiciaire, les législateurs anciens et modernes ont-ils atteint le but qu'ils se proposaient ? Il est permis d'en douter, car, si cette sanction existait, ces dettes rentreraient dans les conditions ordinaires, et les débiteurs ne se croiraient pas obligés de les acquitter de préférence à toutes autres. Le législateur a donc fait d'une dette, dont la cause n'a rien qui lui donne un droit de préférence, une dette d'honneur, une obligation pour ainsi dire sacrée.

Les débiteurs de sommes perdues au jeu ne relevant que de leur conscience, se font un devoir de s'en libérer de préférence aux obligations pour lesquelles on peut recourir à des poursuites; ils paient avec une exactitude aussi rigoureuse que possible les joueurs qu'une chance plus ou moins forcée a favorisés; ils ajournent les créanciers qui les ont aidés à subvenir à leurs besoins et aux besoins de leur famille, lors même qu'ils n'ignorent pas que ce défaut de paiement occasionne aux créanciers ajournés un sérieux préjudice.

---

[1] Code civil, article 1966. Les jeux propres à exercer au fait des armes, les courses à pied et à cheval, le jeu de paume et autres jeux de même nature qui tiennent de l'adresse et de l'exercice du corps sont exceptés de la disposition précédente; néanmoins, le tribunal peut rejeter la demande quand la somme lui paraît excessive.

Ce préjugé qui fait donner la préférence à une dette, parce qu'elle est dépourvue de la sanction judiciaire, est loin d'être justifié sous le rapport moral, mais il est basé sur une espèce de principe d'honneur, sur un scrupule quasi chevaleresque; quoiqu'il en soit, il existe, il est entré dans nos mœurs et remonte à une époque tellement reculée qu'il serait probablement impossible de le faire disparaître aujourd'hui, lors même que le prétexte qu'il l'a engendré cesserait d'exister.

Si le défaut de sanction judiciaire fait penser à quelques personnes que les dettes de jeu doivent être acquittées de préférence aux autres, d'autres personnes, au contraire, en tirent la conséquence que ce défaut de sanction les rend nulles; au point de vue moral, cette opinion est aussi mal fondée que la première : les dettes de jeu sont de véritables dettes que le paiement seul peut anéantir; ce sont des obligations *naturelles* qui ne devraient avoir aucun droit de préférence, mais qui existent tant qu'elles n'ont pas été acquittées.

Ces obligations, dit Pothier, ne peuvent être considérées comme ayant été contractées *sine causa*, d'où il suit qu'il ne peut y avoir lieu à l'exception appelée *condictio sine causa*, ou *condictio indebiti*. (1)

---

(1) Pothier, *Traité des obligations selon les règles tant du for de la conscience que du for extérieur.*

N° 192. — Les obligations qu'on peut appeler dans notre droit obligations naturelles sont celles pour lesquelles la loi dénie l'action par rapport à la défaveur de la cause d'où elles procèdent.

N° 195. — Le seul effet de nos obligations purement naturelles est que lorsque le débiteur a payé volontairement, le paiement est valable et n'est pas sujet à répétition parce qu'il a eu un juste sujet de payer, celui de décharger sa conscience.

Partout où la passion du jeu s'est développée et où on a pu en constater les désastreux effets, on s'est occupé des établissements dans lesquels on trouvait à satisfaire cette passion.

Les industriels à la tête de ces établissements ont toujours été sous le coup d'une réprobation générale: à Rome, leurs témoignages n'étaient pas admis en justice; s'ils étaient insultés, frappés, même volés par leurs habitués, le préteur ne leur accordait aucune action en réparation.

En France, des mesures répressives ont également été prises à diverses époques contre eux et les maisons qu'ils dirigeaient.

Cette répression, toutefois, n'a jamais atteint que les maisons connues sous le nom de *tripots* et les exploitants de ces maisons.

Pendant la féodalité et la monarchie absolue, le jeu était la grande distraction, et cependant dans les salons à la mode, pas plus que dans les réunions bourgeoises, il n'a jamais été officiellement entravé; nombre de personnes titrées et considérées donnaient même au pharaon et au lansquenet une hospitalité qui n'était pas toujours désintéressée et qui avait souvent de déplorables résultats. Dans une classe inférieure, on se livrait à un jeu moins important, il est vrai, mais relativement aussi dangereux.

L'émigration et les funestes préoccupations de la Terreur l'entravèrent pendant quelque temps; mais aussitôt l'apaisement, pendant le Consulat et le premier Empire, le jeu reprit son ancienne prépondérance.

De tout temps, cependant, les moralistes avaient protesté contre cette passion et cherché à faire ressortir ses funestes effets.

Boileau, dans sa X° satire, dépeint en ces termes la femme mariée dominée par cette passion :

> A quoi bon en effet t'alarmer de si peu ?
> Hé que serait donc si la passion du jeu,
> Versant dans son esprit une ruineuse rage,
> Tous les jours, mis par elle à deux doigts du naufrage,
> Tu voyais tous tes biens au sort abandonnés
> Devenir le butin d'un pique ou d'un sonnez ; (1)
> Le doux charme pour toi de voir, chaque journée,
> De nobles champions, la femme environnée,
> Sur une table longue et façonnée exprès,
> D'un tournoi de bassette ordonner les apprêts,
> Et si, par un arrêt, la grossière police,
> D'un jeu si nécessaire interdit l'exercice,
> Ouvrir sur cette table un jeu au lansquenet,
> Ou promener trois dés des chassés de leur cornet ;
> Puis, sur une autre table, avec un air plus sombre,
> S'en aller méditer une volé au jeu d'hombre ;
> S'écrier sur un as mal à propos jeté,
> Se plaindre d'un gano qu'on n'a pas écouté, (2)
> Ou querellant tout bas le ciel qu'elle regarde,
> A la bête gémir d'un roi venu sans garde,
> Chez elle, en ces exploits, l'aube du lendemain
> Souvent la trouve encore les cartes à la main ;
> Alors, pour se coucher, les quittant non sans peine,
> Elle plaint le malheur de la nature humaine,
> Qui veut qu'en un sommeil, où tout s'ensevelit,
> Tant d'heures sans jouer se consument au lit.

(1) *Pique*, terme du jeu de piquet ; *sonnez*, terme du jeu de tric-trac.
(2) *Gano*, terme du jeu d'hombre.

> Toutefois, en partant, la troupe la console,
> Et d'un prochain retour chacun donne parole.
> C'est ainsi qu'une femme, en doux amusements,
> Sait du temps qui s'envole employer les moments. (1)
> C'est ainsi que souvent par une forcenée,
> Une triste famille à l'hôpital traînée
> Voit ses biens en décrets, sur tous les murs écrits
> De sa déroute illustre effrayer tout Paris.
>
> . . . .
>
> . . . .
>
> T'ais-je encore décrit la femme Brelandière,
> Qui des joueurs chez soit se fait cabaretière,
> Et souffre des affronts que ne souffrirait pas
> L'hôtesse d'un hôtel à dix sols le repas. (2)

A côté de ces critiques humoristiques, le théâtre et le roman cherchaient aussi à dépeindre les positions les plus dramatiques et les désastreux effets résultant de l'entraînement du jeu et stigmatisaient les joueurs d'habitude.

Peu de pièces de théâtre ont fait couler autant de

---

(1) Une dévote se confessait du trop grand attachement qu'elle avait pour le jeu, son confesseur lui remontra qu'elle devait en première ligne considérer la perte de temps. Hélas oui, mon père, dit la pénitente en l'interrompant, on perd tant de temps à mêler les cartes *(Note extraite d'une édition des œuvres de Boileau publiée à Genève, chez Fabri et L. Barillot, an MDCCXVI)*.

(2) *Note extraite de la même édition.*
Le caractère de la joueuse a été fait sur M⁻ X""; sa passion pour le jeu était si grande qu'elle regrettait comme perdu tout le temps qu'elle passait hors du jeu. Elle donnait à jouer chez elle, et parmi les joueurs qui y allaient, M. B"" était un des plus assidus. Elle avait ordonné que ceux qui s'émanciperaient en paroles paieraient un écu chaque fois que cela leur arriverait. M. B"", trop gêné par cette loi, aima mieux un jour qu'il était en colère acheter la liberté de jurer tout à son aise par une grosse poignée d'or qu'il jeta à l'avance.

C'est encore M⁻ X"" qui est dépeinte sous la désignation de la dame Brelandière; après avoir fait de sa maison une académie de jeu, elle en faisait encore un cabaret pour les joueurs qui payaient leurs écots en entrant, et qui après cela se faisaient servir avec la même liberté et les mêmes hauteurs que l'on prend dans les moindres cabarets. Il y avait des femmes qui donnaient à souper aux joueurs de peur de ne plus les revoir s'ils sortaient de la maison.

larmes sincères qu'un drame non encore entièrement disparu de l'affiche du boulevard : *30 ans ou la Vie d'un Joueur*, pièce des plus médiocres comme œuvre littéraire mais dont l'auteur s'étant placé sur son véritable terrain, avait compris son public, avait su l'empoigner et obtenir un succès qui n'est pas encore éteint.

La peinture reproduisait également, avec une saisissante vérité, les scènes de désespoir dont cette passion était souvent la cause et retenait les spectateurs sous le coup d'une émotion réelle.

Malgré ces efforts de l'art et de la littérature, le jeu n'en persistait pas moins ; car, pour l'entraver, l'intervention tutélaire de l'autorité était indispensable.

Quelques mesures de police défendaient bien l'exploitation des maisons où le public était admis à jouer, mais leurs prescriptions peu précises étaient facilement éludées, et, d'un autre côté, la position des personnes qu'on aurait pu trouver en contravention, ainsi qu'un respect peut-être un peu trop loin poussé de l'inviolabilité du domicile avaient presque toujours empêché l'efficacité des efforts tentés pour l'exécution de mesures restrictives.

Cependant, les moralistes l'emportèrent, et la fermeture des maisons de jeu clandestines jusqu'alors tolérées fut officiellement édictée.

Les plus récentes mesures prises contre ces maisons résultent de la loi du 22 Juillet 1790 et du décret du 24 Juin 1806.

Mais la passion du jeu était tellement répandue et tellement intense qu'on n'a pas osé, par ces lois et décrets, supprimer entièrement les maisons de jeu ; on a pensé qu'il fallait d'abord avoir recours à un moyen terme et ouvrir, à titre d'essai, des établissements analogues qui, placés sous la surveillance de l'autorité et réglementés, laisseraient le joueur aux prises avec le hasard seul et le garantiraient contre la fraude et les autres dangers auxquels il était exposé dans les maisons non surveillées.

Aussi le décret du 24 Juin 1806 autorise le ministre de la police à concéder l'ouverture et l'exploitation de maison de jeu dans la ville de Paris et dans les lieux où existent des eaux minérales et à les réglementer et faire surveiller ; plus tard, le code pénal (art. 418 et 477) vint donner une nouvelle sanction à cette loi. [1]

En exécution de ce décret, quelques maisons de

---

(1) *Code pénal, art. 418.* Ceux qui auront tenu une maison de jeu de hasard et y auront admis le public, soit librement, soit sur la présentation des intéressés ou affiliés, les banquiers de cette maison, tous ceux qui auront tenu ou établi des loteries non autorisées par la loi, tous administrateurs, préposés ou agents de ces établissements seront punis d'un emprisonnement de deux ans au moins et de six ans au plus et d'une amende de 600 fr. à 6,000 fr. ; les coupables pourront de plus, à compter du jour où ils auront subi la peine, être interdits pendant cinq ans au moins et dix ans au plus des droits mentionnés en l'art. 42 du même code ; c'est-à-dire des droits de vote, d'élection, d'éligibilité, d'être appelés ou nommés aux fonctions de jurés ou autres fonctions publiques et aux emplois de l'administration, ou d'exercer ces fonctions ou emplois de ports d'armes, de votes et des suffrages, dans ces délibérations de famille ; d'être experts ou employés comme témoins dans les actes et témoignages en justice autrement que pour y faire de simples déclarations.

Dans tous les cas, seront confisqués tous les fonds et effets qui seront trouvés exposés au jeu ou mis en loterie, les meubles et effets mobiliers dont les lieux seront garnis et décorés.

Code pénal, art. 477. Seront saisis et confisqués les tables, instruments, appareils de jeu et de loteries établis dans les rues, chemins et voies publics, ainsi que les enjeux, les fonds, denrées, objets ou lots propres aux joueurs.

jeu furent autorisées et obtinrent bientôt un immense succès, surtout à Paris où brillaient rue Richelieu les salons de Frascati et au Palais Royal les maisons trop connues portant les numéros 36, 113 et 129 de dramatique mémoire.

Ces établissements étaient tous bien administrés et surveillés avec soin; ils ne furent affermés qu'à des personnes présentant de sérieuses garanties; il en fut de même pour les employés et agents; aussi aucune supercherie n'y était commise; on avait le droit de s'y ruiner, mais loyalement.

Toutefois, après plusieurs années d'expérience, on crut reconnaître que l'exploitation publique et autorisée de certaines maisons de jeu présentait de graves inconvénients, malgré leur limitation et la surveillance dont elles étaient l'objet et que l'existence de ces maisons produisait des résultats souvent contraires à ceux qu'on avait espérés.

D'abord, au point de vue moral, en les reconnaissant, c'était reconnaître et presque proclamer que les jeux de hasard, même lorsqu'ils ont le gain exclusivement comme objectif, doivent faire partie des récréations ordinaires et qu'ils sont tellement entrés dans nos mœurs que l'autorité, non-seulement croit devoir les tolérer, mais qu'elle les réglemente et en facilite l'exercice.

De plus, les maisons de jeu ouvertes une partie du jour et de la nuit offraient un appât permanent non-seulement aux joueurs d'habitude, mais aux personnes chez lesquelles la passion du jeu ne s'était pas encore développée, et qui peut-être y auraient résisté si elles n'avaient trouvé sous la main des établissements de jeu d'un accès facile.

C'étaient souvent l'exemple et la curiosité qui poussaient à entrer dans les maisons de jeu. Comme on en parlait beaucoup, chacun tenait à en connaître la tenue et les habitudes; c'était une des premières visites que faisait le provincial débarquant dans la capitale. De retour dans son pays à cette époque où les déplacements étaient moins fréquents qu'aujourd'hui, on lui demandait des renseignements sur les salons de Frascati et les maisons du Palais Royal avec autant d'empressement que sur ce que l'on appelait alors les merveilles de la grande ville : la Colonne, le Jardin des Plantes, le Dôme des Invalides, le Canon régulateur du Palais Royal, etc., etc. Quelques visiteurs étaient déjà trop en état d'en donner sur les maisons de jeu.

Si dans les maisons réglementées le jeu était plus loyal, si les sinistres qu'elles engendraient n'avaient pas le caractère de dol et de supercherie, ils n'en étaient pas moins désastreux et se reproduisaient plus fréquemment; aussi de nombreuses réclamations ne tardèrent pas à s'élever et vinrent protester contre l'existence et le patronage de ces maisons.

Leur suppression fut demandée, mais on résista longtemps, car le maintien de ces maisons était soutenu par une raison fiscale, et dans les caisses publiques on n'est pas d'un scrupule exagéré sur l'origine de l'argent encaissé *non olet,* et cela suffit. (1)

Néanmoins, les réclamations devenant chaque jour plus nombreuses et plus intenses, on y fit enfin droit et les maisons de jeu furent complétement supprimées en France.

On les vit alors se réfugier dans d'autres pays où elles furent tantôt acceptées, tantôt repoussées.

De nos jours, une principauté voisine paraît en avoir le monopole, le jeu en fait la principale richesse, et tel est l'attrait de cette passion qu'elle a transformé cette principauté, autrefois presque inconnue et qu'elle en a fait une cité exceptionnelle de plaisance et de luxe où se donnent rendez-vous toutes les oisivetés opulentes à la recherche du plaisir et du confort.

Les maisons de jeu avaient été autorisées dans un but moral; c'est également dans un but moral qu'elles ont été proscrites; le dernier mot est-il prononcé? Il est impossible de le prédire.

On sait que depuis cette suppression, les tripots clandestins ont augmenté et défient les efforts cependant bien soutenus de la police, que ces établissements sont en partie remplacés par des cercles et autres réunions publiques ou privées; que dans ces réunions, on ne joue pas seulement au comptant; mais, ce qui est plus dangereux, que le jeu sur pa-

---

(1) Le fermage des maisons de jeu rapportait plusieurs millions à la ville de Paris.

role y est toléré; qu'on va perdre dans d'autres pays les sommes qu'on ne peut plus exposer publiquement en France, tandis que les maisons de jeu, au contraire, attiraient chez nous l'or étranger, ce qui doit être pris en considération à une époque où la différence entre l'importation et l'exportation nous rendant tributaires d'autres nations; il importe de retenir chez nous la fortune métallique.

A ces objections déjà très sérieuses on peut en ajouter une, peut-être plus sérieuse encore : l'extension prise, depuis la fermeture de ces maisons par les affaires de la plus grande et la plus dangereuse maison de jeu; c'est-à-dire de la bourse dont les opérations à terme ne sont que de véritables jeux; jeux avoués bien portés qu'on pourrait presque appeler jeux en gants jaunes et en équipage, mais qui doivent, plus que tous autres, attirer l'attention de nos gouvernants.

Puisque c'est au nom de la morale qu'ont été fermées les maisons de jeu ordinaires; au nom de la morale, il faut empêcher les jeux de bourse, et cela avec d'autant plus de raison que ces jeux sont les plus dangereux et les plus importants et qu'ils ont lieu au mépris de la législation existante, chaque jour ouvertement violée à la bourse par des fonctionnaires institués pour la faire respecter.

Laissant de côté ce qui pourra arriver ultérieurement pour les maisons de jeu, et, même sans rattacher outre mesure à la fermeture de ces maisons, la progression croissante des jeux de Bourse, nous allons examiner le fonctionnement actuel de la Bourse au point de vue de l'opportunité, de la moralité et surtout au point de vue de la légalité d'une partie des opérations qui s'y pratiquent.

De la Bourse et de ses diverses Opérations.

Nous commencerons par reconnaitre et proclamer que, dans l'état actuel de la société, l'institution des Bourses est une chose non-seulement utile, mais indispensable.

Un marché est nécessaire pour que le rentier, le capitaliste puissent facilement acquérir les valeurs sur lesquelles ils veulent placer leurs capitaux.

Ce marché leur est également indispensable lorsqu'ils veulent réaliser ces valeurs.

Les ventes et achats qui ont lieu dans ces conditions constituent ce qu'on est convenu d'appeler les opérations au comptant; ces opérations sont morales et parfaitement légales et régulières.

Mais, à côté de ces opérations, il s'en fait beaucoup d'autres par des spéculateurs qui achètent non comme placement, mais pour revendre à bref délai, avant même d'être en possession des titres et d'en avoir payé les prix.

Ces dernières affaires constituent les opérations à terme.

Les premières rentrent dans le but et l'esprit de l'institution, les autres s'en écartent ; ce sont de véritables jeux et paris, et, comme nous allons chercher à le démontrer, elles sont dangereuses et illégales. Elles sont cependant les plus nombreuses, car, dans sa causerie financière du *Moniteur de valeurs à lots* (n° du 5 décembre 1880), le baron Louis s'exprime ainsi : « La Bourse comprend deux « éléments. Le comptant et le terme, ou le capital et « la spéculation. Il se fait dans chaque semaine « des opérations à terme pour des sommes cinquante « fois, cent fois, mille fois plus fortes que celles qui « répondent aux opérations du comptant. »

Les jeux de Bourse, malgré leur illégalité, sont cependant tolérés, encouragés même, parce qu'on les considère comme favorables au crédit public et comme affirmant la confiance qu'inspirent les fonds d'Etats et les entreprises dont les actions et obligations sont admises à la cote.

On ne peut trop protester contre ce préjugé, bien qu'il soit général et propagé par nombre de personnes qui ont intérêt à l'accréditer, car il constitue une grave erreur et ne repose sur aucun fondement sérieux.

Les jeux de Bourse, en effet, font atteindre aux fonds d'Etat et autres valeurs négociables des taux exagérés ; mais ces taux ne sont souvent que momentanés, la moindre crise les fait baisser, et s'il survient une catastrophe importante, il en résulte un effondrement complet qui compromet et quelquefois engloutit la fortune de nombreux joueurs et de leurs familles.

Si, au contraire, le jeu n'engendrait pas ces taux fictifs, si les affaires de Bourse étaient toutes sérieuses, si elles étaient ramenées au véritable but de l'institution et se renfermaient dans l'emploi et la réalisation de capitaux, cet effondrement général et instantané n'aurait pas lieu, car il tient principalement à ce que des joueurs engagés dans des achats à terme sont obligés de vendre à tout prix, et, ne pouvant attendre des circonstances plus favorables, occasionnent une baisse qui n'atteint pas seulement les joueurs imprudents, mais dont les acheteurs au comptant subissent le contre-coup ; les capitalistes non spéculateurs, bien que n'ayant voulu acheter que comme placement, peuvent d'un moment à l'autre être obligés de réaliser leurs valeurs aux taux engendrés par les achats à terme et voient disparaître ainsi une partie de leur capital.

On arrive il est vrai à prolonger la situation au moyen des expédients appelés *reports et déports*, mais les conditions de ces opérations sont onéreuses dans les moments de crise, et, après quelques atermoiements successifs, on est obligé, malgré les sacrifices forcés qui en résulte, d'arriver à une liquidation réelle. [1]

---

(1) *Reports et Déports.*

Lorsqu'il a été fait une négociation de valeurs, dont les titres ne doivent être livrés qu'à une époque déterminée, entre le moment de l'achat et le moment de la livraison, une hausse ou une baisse peuvent se produire. S'il y a baisse, l'acheteur est obligé de verser une somme supérieure à la valeur réelle des titres qu'on doit lui remettre. S'il y a hausse, le contraire se produit ; le vendeur est obligé de payer les titres qu'il doit remettre un prix supérieur à la somme qu'il

Ces désastres n'auraient certainement pas lieu si les affaires de Bourse, ramenées à leur véritable objet et au respect de la loi, ne constituaient que de simples placements ; alors celui qui possède des valeurs, à moins de circonstances exceptionnelles, les conserverait pendant la période critique, se bornerait à encaisser les revenus et attendrait des temps meilleurs. Il en résulterait que le crédit public ne pourrait jamais être instantanément aussi fortement ébranlé, et que la baisse, si elle avait lieu, ne se produirait que dans des proportions moins compromettantes.

Nous venons d'affirmer, et je crois que personne ne pourrait soutenir sérieusement le contraire, que les jeux de Bourse non-seulement sont immoraux, mais qu'ils sont préjudiciables aux rentiers et petits capitalistes, enfin à tous ceux qui tiennent à un emploi prudent et intelligent de leur patrimoine. Reste à examiner l'intérêt que l'Etat peut avoir à tolérer ces jeux.

Nous reconnaissons que les jeux de Bourse favorisent les émissions, malheureusement trop fréquentes, des fonds publics, qu'ils en facilitent le placement et se prêtent à l'accroissement de la dette des divers Etats ; c'est même cette considération qui sera

---

doit recevoir. Or, qu'arrive-t-il presque toujours? Un nouveau délai est accordé pour la liquidation de l'affaire, c'est-à-dire pour la livraison des titres. — Ce délai, toutefois, ne s'accorde que moyennant une prime; si cette prime est au profit de l'acheteur, elle se nomme *déport*; si elle est au profit du vendeur, elle se nomme *report*.

Or, si ces primes sont élevées et qu'elles soient pendant plusieurs liquidations successives à la charge du même joueur, il en résulte pour le spéculateur malheureux une perte importante devant laquelle il est obligé de céder et d'abandonner la partie.

probablement le plus grand obstacle à l'admission des réformes que nous sollicitons, mais cette facilité d'emprunt ne doit pas prévaloir sur d'autres considérations plus morales et faire repousser des mesures que sollicite l'intérêt général.

D'un autre côté, les Etats eux-mêmes ne sont pas à l'abri de désastres imprévus occasionnés par des événements de force majeure, et si, dans les temps ordinaires, les jeux de Bourse viennent en aide aux emprunts des Gouvernements, lorsque des catastrophes forcent à avoir recours au crédit, la dépréciation des valeurs publiques dont ces jeux sont cause, forcent ces mêmes Gouvernements à subir les conditions les plus onéreuses.

Notre pays lui-même, malgré son crédit incontestable et ses ressources connues, en a donné plusieurs fois la preuve.

Quant aux nations qui ne jouissent pas du même crédit et de la même confiance, cette trop grande facilité d'emprunt est souvent suivie de suspensions de paiement qui pourraient être qualifiées du nom de banqueroute.

Ce n'est pas la volonté de faire un placement réel qui engage à souscrire à des emprunts émis par des pays d'une solvabilité plus que douteuse et à procurer à ces pays des ressources qui seraient plus utilement employées au profit du nôtre. C'est l'*alea*, c'est le désir de profiter d'une plus-value qu'on espère devoir être engendrée par les jeux de Bourse, par le trafic que font de ces valeurs les établissements financiers qui les souscrivent et les patronnent.

Passant à un autre ordre d'idées, nous ajouterons que les taux exagérés auxquels le jeu fait atteindre les bonnes valeurs présentent pour les fortunes médiocres un désavantage qui doit appeler l'attention des économistes. Les rentiers, les petits capitalistes sont presque toujours des personnes sages et prudentes disposées à rechercher avant tout pour leurs capitaux des valeurs de tout repos. Or, l'importance du revenu est souvent en raison inverse de la sécurité, et les taux exagérés auxquels la spéculation fait atteindre les bonnes valeurs amoindrissent un revenu souvent indispensable et les poussent presque malgré eux à chercher un emploi plus productif, mais malheureusement offrant souvent moins de garantie.

En présence de l'état de choses actuel, en présence de la vogue immense dont jouissent les opérations de Bourse de toutes natures, je ne me dissimule pas qu'il faut une certaine témérité pour oser affirmer et soutenir qu'à une époque où l'on est à la recherche d'améliorations économiques, il ne faut pas oublier la mesure peut-être la plus importante dont doivent profiter toutes les classes de la société, surtout les classes laborieuses et économes. Cette mesure consisterait uniquement à ramener les opérations de Bourse dans la légalité et à les faire rentrer dans les limites qu'elles n'auraient jamais dû franchir, en un mot à les restreindre aux achats et ventes au comptant,

C'est cette *téméraire énormité* que je vais cependant essayer de soutenir, et, malgré sa hardiesse, je ne désespère pas de voir faire droit à mes observations, si ce n'est immédiatement, au moins avec de la persistance; aujourd'hui, je n'ai qu'un but : appeler un examen sérieux et désintéressé sur mes observations.

Si la question ainsi posée était prise en considération, si les lois existantes étaient exécutées et complétées au besoin, il faudrait s'attendre à de nombreuses protestations, non-seulement de la part des personnes qui, ayant la passion du jeu et en recherchant les émotions, trouvent dans la Bourse une maison de jeu toujours à leur disposition, mais encore et surtout de la part de celles qui ont intérêt au maintien des abus actuels et qui en profitent.

On devrait compter avant tout avec les petites puissances *officielles* de la Bourse qui mettraient en avant toute leur influence financière pour repousser des mesures restrictives et les présenter comme une atteinte à un privilége légal et à des droits acquis.

Viendraient ensuite les objurgations des agents secondaires qui gravitent autour des fonctionnaires officiels : coulissiers, agents d'affaires, reporters *ad hoc*, courtiers plus ou moins marrons, etc., etc., qui, sans droits et sans titre, encombrent les couloirs de la Bourse, stationnent dans les maisons voisines et se font aux dépens des joueurs une existence facile et agréable.

Nous ne nous occuperons pas de ces agents, industriels improvisés qui généralement n'inspirent pas un grand intérêt et auxquels le marché en banque dont nous parlerons plus loin fournira toujours un trop vaste champ d'exploitation, sur lequel ils trouveront à utiliser leur dangereuse activité.

Quant aux protestations qui émaneront certainement des agents de change, elles auront plus de poids, non-seulement à cause de leurs qualités de fonctionnaires reconnus et autorisés, mais en raison de leur position sociale et de l'autorité dont ils sont entourés. C'est donc la loi en main que nous allons examiner la question, et nous le ferons sans passion, sans intention hostile, poussé uniquement par le désir de faire prévaloir l'exécution de lois intelligentes et morales sur des abus préjudiciables qui se sont introduits et qui menacent de se perpétuer et de s'accroître même.

Si le législateur a institué des agents de change auprès des Bourses de commerce, c'est parce que les opérations qui s'y font sont soumises à certaines règles, à certaines exigences prescrites dans l'intérêt des parties et pour la sécurité des transactions. Nous allons faire connaître quelques-unes des garanties dont elle a voulu entourer ces transactions et examiner si les fonctionnaires institués en vue de les faire respecter ont bien compris leur mission et sont venus en aide à l'exécution de la loi.

C'est la loi du 28 Ventôse an IX qui a réglementé définitivement les Bourses telles qu'elles fonctionnent aujourd'hui ; mais, avant cette loi, il existait déjà des Bourses organisées en exécution d'autres lois, ordonnances, arrêtés et règlements que la loi du 28 Ventôse an IX n'a pas abrogés.

Nous ne donnons pas ici la nomenclature de ces divers documents législatifs ; nous allons seulement reproduire textuellement un des plus précis, celui en vigueur lors de la loi du 28 Ventôse an IX, et dont les prescriptions étaient alors sérieusement exécutées.

C'est une ordonnance du Conseil du Roi du 7 Août 1785, qui porte art. 7 :

« Sa Majesté déclare nuls les marchés et com-
» promis d'effets royaux et autres quelconques qui
» se feront à terme et sans livraison desdits effets
» ou sans dépôt réel d'iceux constatés par acte dû-
» ment contrôlé au moment même de la signature
» de l'engagement. »

Cette ordonnance est confirmée et complétée par deux autres du 2 Octobre 1785 et 22 Septembre 1786.

Toutes les dispositions antérieures avaient été édictées dans le même esprit.

La disposition de l'ordonnance du 7 Août 1785 n'est pas, il est vrai, reproduite dans la loi du 28 Ventôse an IX ; mais aucune disposition de cette loi ne l'abrogeant, elle est restée en vigueur, et de plus un arrêté du 27 Prairial an X, interprétatif de

cette loi, porte, article 13 : « que l'agent de change
» devra toujours avoir reçu de ses clients les effets
» qu'il vend ou les sommes nécessaires pour payer
» ceux qu'il achète. (1)

(1) 7 Août 1785.— *Arrêté du Conseil qui renouvelle les ordonnances et règlements concernant les Bourses et proscrit les négociations à terme.*

Art. 3. Veut Sa Majesté que conformément aux dispositions des articles 17 et 18 de l'arrêté du 24 Septembre 1724, les négociations d'effets publics ne puissent être faites valablement que par l'entremise des agents de change ni en d'autres lieux qu'à la Bourse, où le cours d'iceux sera coté aux termes des règlements par deux agents de change.

« Le monopole des agents de change pour la vente des effets publics est de
» date plus ancienne encore. Un édit de Juin 1572 érige leurs fonctions en titre
» d'office; une ordonnance de Philippe-le-Bel, de 1301, leur enjoint d'exer-
» cer leur industrie sur le grand Pont, du côté de la grève, entre la grande arche
» de l'église Saint-Leufroy et pas ailleurs, sous peine de confiscation des choses
» échangées. Un arrêt du Conseil du Roi du 24 Septembre 1724 porte ; article 18.
» « Toutes négociations de papiers commerciaux et effets faites sans le minis-
» tère d'un agent de change seront déclarées nulles. »

Art. 7. Déclare nuls les marchés et compromis d'effets royaux et autres quelconques qui se feraient à terme et sans livraison desdits effets, ou sans le dépôt réel d'iceux constaté par acte dûment contrôlé au moment de la signature de l'engagement.

28 Ventôse, an IX.—*Loi relative à l'établissement des Bourses de Commerce.*

Titre I. Art. 1er.—Le Gouvernement pourra établir des Bourses de Commerce dans tous les lieux où il n'en existe pas et où il le jugera convenable.

Titre II. Art. 6.— Dans toutes les villes où il y aura une Bourse, il y aura des agents de change et des courtiers de commerce nommés par le Gouvernement.

Art. 11. — Le Gouvernement fera pour la police des Bourses et en général pour l'exécution de la présente loi les réglements qui seront nécessaires.

Titre IV. Art. 14.— La police de la Bourse appartiendra à Paris, au Préfet de police ; à Marseille, Lyon et Bordeaux, aux Commissaires-généraux de police; dans les autres villes aux Maires.

Art. 15. — Les agents de change se réuniront et nommeront à la majorité absolue un syndic et six adjoints pour exercer une police intérieure, rechercher les contraventions et les faire connaître à l'autorité publique.

Art. 17. — Le Préfet de police à Paris, le Commissaire-général à Marseille, Lyon et Bordeaux, et le Maire des autres places de commerce pourront proposer la suspension des agents de change qui ne se conformeront pas aux lois et réglements et prévariqueraient dans leurs fonctions. Le Préfet de police s'adressera à cet effet au Ministre de l'intérieur ; les Commissaires-généraux de police aux Préfets; les Maires aux Sous-Préfets qui en rendent compte aux Préfets.

Sur le compte qui lui en sera rendu, le Ministre de l'intérieur pourra proposer au 1er Consul de prononcer la destitution de l'agent de change inculpé, après avoir toutefois fait demander l'avis des syndics et adjoints devant lesquels l'inculpé sera entendu.

27 Prairial an X. = *Arrêté concernant les Bourses de Commerce.*

Art. 13, § 2. Chaque agent de change devant avoir reçu de ses clients les

Il résulte donc des lois, arrêtés et ordonnances concernant les Bourses de commerce qu'elles ont été instituées uniquement pour les négociations au comptant, que ces opérations sont seules régulières et que celles à terme sont illégales.

Notre code pénal est plus précis encore que ces lois spéciales, car il porte :

« Art. 421. — Les paris qui auront été faits sur
» la hausse et la baisse des fonds publics seront
» punis des amendes portées en l'article 419. [1]

» Art. 422. — Sera réputé pari de ce genre toute
» convention de vendre ou de livrer des effets pu-
» blics qui ne seront pas prouvés par le vendeur
» avoir existé à sa disposition au temps de la con-

---

effets qu'il vend ou les sommes nécessaires pour payer ceux qu'il achète est responsable du payement ou de la livraison de ce qu'il aura vendu ou acheté; son cautionnement sera affecté à cette garantie et sera saisissable en cas de non consommation dans l'intervalle d'une Bourse à l'autre, sauf le délai nécessaire au transfert des rentes ou autres effets publics, dont la remise exige des formalités. Lorsque le cautionnement aura été entamé, l'agent de change sera suspendu de ses fonctions jusqu'à ce qu'il l'ait complété conformément à l'arrêté du 29 Germinal an IX.

Art. 15. — A compter de la publication du présent arrêté, les transferts d'inscriptions sur le grand livre de la dette publique seront faits au trésor public en présence d'un agent de change de la Bourse de Paris, qui certifiera l'identité du propriétaire, la vérité de la signature et des pièces produites.

[1] Tous ceux qui par des faits faux ou calomnieux ont semé à dessein dans le public, par des suroffres faites au prix que demandent les vendeurs eux-mêmes, par réunion ou coalition entre les principaux défenseurs d'une même marchandise ou denrée, tendant à ne pas la vendre ou à ne la vendre qu'à un certain prix ou qui, par des voies et moyens frauduleux quelconques, auront opéré la hausse ou la baisse du prix des denrées ou marchandises ou des papiers et effets publics au-dessus ou au-dessous du prix qu'auraient déterminés la concurrence naturelle et libre du commerce seront punis d'un emprisonnement d'un mois au moins et d'un an au plus et d'une amende de 500 francs à 10,000 francs. Les coupables pourront de plus être mis par l'arrêt ou le jugement sous la surveillance de la haute police pendant 2 ans au moins et 5 ans au plus.

Code pénal, art. 419.

» vention ou avoir dû s'y trouver au temps de la
» livraison. »

Or, que font les spéculateurs à la hausse et à la baisse, c'est-à-dire les acheteurs et les vendeurs à terme? L'un parie que la rente augmentera, l'autre qu'elle baissera; l'enjeu est le chiffre de la variation qu'éprouvera le montant de la cote pendant le temps convenu.

Le vendeur n'ayant pas retiré son titre ne peut prouver qu'il existait entre ses mains lors de la négociation; ces spéculations rentrent donc non-seulement sous le coup des dispositions spéciales aux affaires de Bourse, mais encore sous le coup des pénalités édictées par les articles 419, 421 et 422 du Code pénal s'appliquant à toute espèce de fraude.

Pour arrêter les déplorables résultats qu'entraînent les opérations à terme, il ne serait donc pas besoin de nouvelles dispositions législatives. Il suffirait presque de tenir sérieusement la main à des lois existantes; cependant si, pour assurer cette exécution, quelques dispositions complémentaires paraissent nécessaires, ces dispositions devraient être examinées et votées.

En ce moment, il existe trois catégories de valeurs sur lesquelles s'exerce la spéculation :

Celles qui ont leurs grandes entrées à la cote officielle et qui se négocient au comptant et à terme.

Les valeurs secondaires qui ne sont admises à la cote que pour les négociations au comptant.

Enfin les valeurs qui ne sont admises à la cote ni au comptant ni à terme.

La négociation de ces dernières valeurs constitue le marché en banque.

L'admission à la cote, soit au comptant soit à terme, est soumise à l'appréciation souveraine des agents de change; c'est un mode d'admission regrettable et contre lequel on doit protester.

Nous ne suspectons ni l'honorabilité ni l'aptitude des fonctionnaires qui en sont chargés, mais ils ont intérêt à augmenter autant que possible le nombre des affaires pour lesquelles leur ministère est forcé; or, pour que les décisions concernant ces admissions inspirent une véritable confiance, il faudrait qu'elles fussent prises par un jury entièrement désintéressé.

L'admission à la cote devrait être le résultat d'un examen approfondi et d'un contrôle indépendant de tout intérêt personnel.

Les valeurs émises pour des entreprises ne présentant pas d'incontestables garanties devraient être impitoyablement repoussées.

Ce n'est pas ce qui a lieu aujourd'hui : l'admission est accordée avec une facilité telle que le marché est encombré de valeurs de toutes provenances dont une partie n'offre qu'une sécurité douteuse.

Dans l'intérêt des rentiers et capitalistes, et pour augmenter la confiance que doit inspirer la Bourse, il devrait exister une ligne de démarcation bien tracée entre les valeurs admises à la cote, après un examen réel, et celles qui n'auraient pu obtenir cette sanction.

Les personnes qui, au milieu de la multiplicité des valeurs dans lesquelles on se perd en ce moment, ne peuvent personnellement se rendre compte de la confiance qu'elles doivent inspirer, trouveraient dans l'admission à la cote une recommandation sinon infaillible, au moins sérieuse et ne seraient pas réduites comme aujourd'hui à s'en rapporter à des intermédiaires intéressés et à des journaux financiers dont la recommandation se paye à tant la ligne. [1]

Si cet élagage amenait une diminution dans le nombre des affaires, la Bourse y gagnerait en considération et les bonnes valeurs en profiteraient; quant à celles auxquelles on aurait cru devoir refuser l'admission, elles rentreraient dans le domaine du marché en banque, dont le gouvernement n'a pas à

---

[1] On ne saurait trop se prémunir contre les renseignements émanant des agences financières qui ne reculent devant aucun moyen pour recommander les valeurs qu'elles sont chargées de placer, à ce point qu'en Juillet 1880, le Gouvernement a dû adresser aux journaux le communiqué suivant :

« Des circulaires émanant de cabinets d'agents d'affaires sont en ce moment
» adressées aux fonctionnaires du ministère des finances, notamment aux tré-
» soriers généraux dans le but de recommander certaines opérations de Bourse.

» Ces circulaires sont rédigées en termes tels que ceux qui les reçoivent pour-
» raient croire que leurs auteurs ont reçu une mission du ministère des finances;
» c'est là une erreur contre laquelle il importe de prémunir les fonctionnaires
» des finances et le public dont on essaie de surprendre la bonne foi.

» Le ministre des finances, fidèle aux déclarations qu'il a faites spontanément
» à la tribune, désavoue tout ce qui pourrait faire croire au public que le trésor
» intervient directement ou indirectement sur le marché des fonds publics ou
» donne un patronage quelconque à quelques affaires que ce soit.

» A l'avenir, toute tentative de ce genre sera déférée aux tribunaux et pour-
» suivie (*Moniteur financier* du 21 juillet 1880 et autres publications financiè-
» res). »

se préoccuper, car ce marché n'ayant rien d'officiel, ne nécessite pas l'intervention d'agents reconnus et accrédités, et la protection de l'Etat et de l'administration doit être restreinte aux affaires qui ne peuvent se négocier que par l'intermédiaire de fonctionnaires dont la nomination appartient au Gouvernement.

Quant aux agents de change, dont les opérations subiraient nécessairement une diminution, ils seraient mal fondés à se plaindre de mesures restrictives, car, depuis l'institution des Bourses, le nombre de celles dont ils ont le monopole s'est élargi dans des proportions plus que suffisantes pour leur donner une large compensation.

Nous voyons en effet la dette française inscrite, qui ne s'élevait de 1785 à 1789 qu'à *un milliard*

Un des appâts les plus fréquemment tendus par ces publications est l'opération qu'elles désignent sous le nom d'*arbitrage*: Lorsqu'un journal financier est chargé de *faire mousser* une valeur, il recherche celles dont le cours est supérieur et le produit moindre et établit un tableau comparatif avec celle qu'il favorise.

Ce tableau est généralement libellé dans ces termes :

Vendre actions ou obligations de ....
Acheter actions ou obligations de ....
Les valeurs achetées donnent un revenu de ....
Celles vendues ne produisent que ....
Différence en revenu au profit de l'acheteur ....

Ensuite, comme complément de la réclame :

Les valeurs vendues ont produit en capital ....
Celles achetées n'ont coûté que ....
Il y a donc sur le capital un boni de ....

Quant à la sécurité plus ou moins grande de la valeur achetée, il n'en est pas question, et l'acheteur, la plupart du temps incapable de se rendre compte de cette sécurité, obéit au mot d'ordre donné par son journal et fait l'arbitrage.

Ces opérations présenteraient de bien moindres inconvénients si l'admission à la cote était le résultat d'un véritable contrôle, d'un examen sérieux.

(Voir le chapitre des Arbitrages).

cinq cents millions, atteindre aujourd'hui le chiffre de *dix-huit milliards sept cent vingt-deux millions;* celle de la Grande-Bretagne, pendant la même période, a progressé de *quatre milliards huit cents millions* à *quinze milliards cinq cent quarante-deux millions.* Enfin, le chiffre total de la dette des divers Etats Européens s'est élevé, pendant le même temps, de *dix milliards deux cent quatre-vingt-quatorze millions* à *quatre-vingt-trois milliards sept cent cinquante-six millions*, progression qui s'accroîtra inévitablement. (Voir le tableau publié à la fin de l'ouvrage).

Si l'on ajoute à l'augmentation d'affaires résultant de cet accroissement de la dette inscrite des divers Etats, l'augmentation engendrée par les nombreuses valeurs qui n'existaient pas lors de l'institution des agents de change et qui sont aujourd'hui pour eux une mine inépuisable de bénéfices [1], nous ne pensons pas qu'on les trouve trop lésés par des mesures que commandent des raisons morales et un intérêt général et qui, au surplus, n'ont pour objet que de rappeler à l'exécution de lois qui, depuis quelques années, paraissent avoir été entièrement méconnues.

Lors même qu'il en résulterait pour les agents officiels de la Bourse un certain préjudice, l'intérêt particulier doit disparaître devant l'intérêt général sur-

---

[1] C'est en 1801 qu'a commencé la publication quotidienne de la cote officielle de la Bourse.

A cette époque, les valeurs admises à la cote s'élevaient à	15
En 1830, elles s'élevaient à	50
En 1848, elles étaient montées à	150
Aujourd'hui elles excèdent	600

(Extrait d'un travail publié par le *Figaro*, le 15 Décembre 1880).

tout, lorsque, comme dans l'espèce, il n'est porté aucune atteinte à l'équité; or, l'intérêt public réclame l'épuration des affaires de Bourse, ce qu'on ne peut obtenir que par la suppression des marchés à terme et une scrupuleuse circonspection dans les admissions à la cote.

Nous disons que l'intérêt général l'exige, et en effet, indépendamment des raisons indiquées plus haut, on ne peut contester que si les capitaux qui servent à alimenter les spéculations de Bourse, si l'intelligence et l'activité des spéculateurs prenaient une autre direction et se portaient vers l'industrie et l'agriculture, le pays y gagnerait considérablement, et la propriété rurale, aujourd'hui délaissée, reprendrait son ancienne valeur.

En ce moment, l'agriculture souffre, c'est incontestable, et l'on étudie dans son intérêt toutes les mesures propres à améliorer sa position : faire se diriger vers les champs tous les efforts et les ressources qui se portent vers l'agio doit être le principal objectif, si l'on veut atteindre ce but.

L'augmentation des affaires de Bourse a pris de telles proportions que, par décret impérial du 13 Octobre 1859, on a dû autoriser les agents de change près la Bourse de Paris à s'adjoindre un ou deux commis principaux investis d'un caractère officiel. [1]

---

(1) DÉCRET DU 13 OCTOBRE 1859 *qui autorise les agents de change près la Bourse de Paris à s'adjoindre un ou deux commis principaux.*

ART. 1er. — Les agents de change près la Bourse de Paris sont autorisés à s'adjoindre un ou deux commis principaux.

ART. 2. — Ces commis ne pourront faire aucune opération pour leur compte. Ils agiront au nom des agents de change et sous leur responsabilité. Ils seront soumis à un règlement délibéré par la Chambre syndicale.

On tolère même aujourd'hui l'exploitation de charges d'agents de change en société reconnue et publiée, tolérance dont la légalité est au moins douteuse, mais que paraît motiver l'extension des affaires de Bourse.

Nous avons reproduit les dispositions de l'art. 13 de l'arrêté du 27 Prairial an X, qui exige le dépôt entre les mains de l'agent de change des valeurs qu'il est chargé de négocier et des sommes dont il est chargé de faire l'emploi; nous avons également reproduit un arrêté antérieur du Conseil du Roi du 7 Août 1785, qui prononce l'annulation des marchés d'effets publics faits autrement qu'au comptant, arrêté qui n'a jamais été abrogé; l'exécution de ces arrêtés pourrait suffire pour empêcher les négociations à terme; malheureusement, leurs dispositions semblent soit inconnues à beaucoup de personnes, soit intentionnellement oubliées, enfin on peut les considérer comme passées à l'état de lettres-mortes.

Elles engagent légalement la responsabilité des agents de change, mais on a su tourner la loi et l'éluder par une subtilité certainement adroite, quoique trop apparente, qui consiste à se contenter pour les négociations de valeurs à terme de ce qu'on est convenu d'appeler en *argot* de bourse une *couverture*, c'est-à-dire du dépôt d'une somme représentant approximativement la perte qui peut incomber au spéculateur malheureux; cette consignation remplace l'enjeu que déposent ordinairement les joueurs avant de commencer la partie.

Si les agents et habitués de la Bourse semblent

avoir depuis longtemps fait bon marché des prescriptions légales ; si les agents de change en ont fait litière à ce point que les règlements intérieurs de leur Compagnie déterminent le mode de procéder entre eux pour ces opérations avec la même aisance que s'il s'agissait d'opérations régulières, il n'en a jamais été de même de la magistrature, et l'on a vu toujours les cours et tribunaux rappeler les contrevenants à la légalité, considérer les opérations de Bourse à terme comme de véritables jeux, leur appliquer conséquemment les dispositions de l'article 1965 du Code civil et refuser aux gagnants l'action judiciaire pour le paiement de différences non consignées.

On ne saurait trop applaudir à cette jurisprudence qui consacre formellement le principe que nous soutenons. C'est-à-dire que les négociations à terme sont illicites; que les Bourses ont été instituées pour faciliter les négociations sérieuses et au comptant de valeurs admises à la cote, et qu'elles ne doivent pas, au moyen d'opérations illégales, remplacer sur une plus grande échelle les maisons de jeu qu'on a cru devoir proscrire.

Si, pour maintenir les marchés à terme, on était disposé à invoquer l'usage et à soutenir que les anciennes lois qui les prohibent et les prescriptions formelles et plus récentes du Code pénal sont tombées en désuétude, cette jurisprudence constante et morale et les motifs des décisions judiciaires sur lesquelles elle repose viendraient affirmer le contraire. On doit donc, quoi qu'il advienne, être reconnaissant envers la magistrature française pour l'impartiale attitude qu'elle n'a cessé de conserver, lorsqu'elle a été chargée de prononcer sur les opérations de Bourse à terme et la valeur des engagements qui en résultent.

Une des plus anciennes et des plus importantes décisions judiciaires concernant le paiement des différences dues pour les négociations à terme, est un arrêt de la Cour de cassation du 11 Août 1824 (affaire Perdonnet et Auger) qui décide que, dans l'état actuel de la législation, les marchés à terme sont prohibés; que les agents de change n'ont pas d'action contre leurs clients, soit pour le paiement de leurs honoraires, soit pour celui des différences qui peuvent exister entre le prix d'achat de la rente et le taux où elle se trouve au moment de la livraison.

Jugé qu'un billet qui a pour cause un jeu de Bourse, est nul quoi qu'il soit causé valeur en espèces; le souscripteur d'un pareil billet peut en demander la nullité, quoi qu'il ait été renouvellé et que le créancier eut donné en paiement le nouveau billet. Dans ce cas, la preuve par témoins est admissible, même lorsqu'il s'agit de plus de 150 fr. (Cass. 30 Novembre 1826, affaire Bourdon. Paris, 28 Août 1833, affaire Estève. 5 Février 1834, affaire Parent. 30 Janvier 1838, affaire de Senneville.)

Jugé aussi que la nullité qui frappe les marchés à terme s'applique à l'égard des agents de change entre eux aussi bien qu'à l'égard de toutes autres personnes. (Paris, 2 mai 1877, affaire Cloret.)

Il existe beaucoup d'autres décisions judiciaires toutes concordantes avec celles que nous venons de citer ; nous nous bornerons à analyser un des derniers arrêts, celui rendu en cette manière en Février 1877 par la Cour de cassation, Chambre des requêtes.

Cette affaire se distingue des précédentes en ce sens que la partie à laquelle le paiement était refusé n'était ni le joueur gagnant, ni un agent officiel, mais des coulissiers de profession, la Société Bonnaud et C⁰, de Paris.

MM. Bonnaud et C⁰ avaient été chargés par M. Grangier, d'Aix, des opérations d'achat et de vente d'effets publics qui se sont réglés par une différence de 6,531 fr. 25 au préjudice de leur client.

M. Grangier refusait de payer parce qu'il s'agissait d'une perte au jeu de Bourse et que la loi n'autorise aucune action pour les dettes de jeu.

MM. Bonnaud et C⁰ l'assignèrent devant le Tribunal de Commerce d'Aix.

Entre autres motifs spéciaux à l'appui de leur demande, ils alléguaient qu'il s'agissait, dans l'espèce, d'un mandat librement consenti, honnêtement exécuté et que le solde de compte réclamé était le remboursement de leurs avances, de leurs frais et le courtage, salaire de leur peine.

Le Tribunal consulaire donna gain de cause à MM. Bonnaud et C⁰, mais le jugement fut réformé par la Cour d'appel et les coulissiers, s'étant pourvus en cassation, leur pourvoi fut rejeté.

En fait et comme résultats, on ne peut qu'approuver les décisions des deux Cours, mais il est regrettable que ces Cours aient puisé les considérants de leurs arrêts ailleurs que dans l'art. 1965 du Code civil et dans les articles 419, 420, 421 et 422 du Code pénal.

L'esprit et les termes de ces articles sont assez précis pour qu'ils n'aient pas besoin d'être appuyés sur d'autres motifs.

Les considérants dans l'affaire Bonnaud et Grangier semblent indiquer au contraire que le pourvoi de ce dernier est rejeté parce que les négociations traitées pour M. Grangier, par MM. Bonnaud et Cᵉ, simples coulissiers sans caractère officiel, étaient des opérations faites au mépris de la loi et conséquemment frappées de nullité.

D'où il semblerait résulter que les décisions auraient pu être contraires, si les opérations avaient eu lieu par l'intermédiaire d'agents de change.

Telle n'a certainement pas été la pensée des magistrats; aussi, nous le répétons, nous applaudissons aux décisions en elles-mêmes, mais nous regrettons les considérants.

Les procès en paiement de différences sont, il est vrai, peu fréquents si on les compare à la multiplicité des opérations à terme, mais cela s'explique par la consignation exigée comme garantie; car, au moyen de cette consignation, les gagnants et les intermédiaires responsables sont protégés aujourd'hui par l'art. 1967 du Code civil qui interdit la répétition des dettes de jeu volontairement payées.

Cette conséquence est logique, car puisque les opérations de Bourse à terme sont de véritables jeux, il est juste que les dispositions de lois applicables aux jeux ordinaires soient également appliquées aux jeux de Bourse; cependant, il est présumable qu'en votant l'art. 1967, le législateur n'a pas pensé aux jeux de Bourse et voulu établir une immunité en faveur des dettes résultant de ces jeux.

Ce que nous avons dit des négociations à terme de valeurs, nous le dirons également des opérations analogues faites sur les marchandises, notamment sur les céréales, par l'intermédiaire des courtiers de commerce.

Il n'est pas rare d'en voir passer la propriété entre les mains de plusieurs spéculateurs avant la livraison aux consommateurs, et les courtages et commissions auxquels donnent lieu ces mutations successives augmentent d'une manière notable le prix des marchandises sans profit pour le producteur.

Il y a également beaucoup à réformer dans la négociation de ces valeurs; il existe des abus sur lesquels il est nécessaire d'attirer l'attention des économistes et qu'il faudrait faire disparaître, autant que possible, pour le profit de toutes les classes de la Société, et principalement de la plus intéressante, celle qui vit de son travail et qu'atteint le plus directement le prix des objets d'alimentation.

Il y a également sur cette question une étude importante à faire, des améliorations à introduire; mais bien que la vente et le courtage de marchandises ne soient pas entièrement étrangères à l'*alea*, ces négociations ne rentrent pas directement dans les limites que nous nous sommes proposées, et nous nous bornerons à signaler la question et à la recommander sérieusement aux économistes compétents.

Nous croyons avoir démontré que les opérations de Bourse à terme sont illégales, et que, pour les arrêter, il serait nécessaire de tenir la main à l'exécution des lois existantes, notamment de l'art. 7 de l'arrêté du 27 Prairial an X, qui, comme interprétation de la loi du 27 Ventôse an IX, impose l'obligation de déposer à l'agent de change la totalité des sommes représentant le prix des valeurs qu'on veut acheter ; mais, d'un autre côté, nous avons fait ressortir la facilité avec laquelle on arrive à éluder la loi, en ne déposant pas la somme entière et en se contentant d'une couverture.

Si nos lois sont aujourd'hui insuffisantes pour empêcher cet abus, des dispositions législatives complémentaires pourraient être réclamées. Dans ce cas, il y aurait lieu d'apporter quelques modifications à notre code, et l'intervention du Parlement deviendrait nécessaire.

Nous n'avons pas l'intention d'empiéter sur les fonctions de nos législateurs et de leur signaler les mesures qui, suivant nous, pourraient être prises pour atteindre ce résultat ; leur compétence en matières économiques est incontestable, et nous pèserions d'un bien faible poids dans leur appréciation ; toutefois, nous nous permettrons bien timidement d'appeler leur attention sur la répression des infractions aux lois actuelles et autres actes de l'autorité concernant les Bourses.

Les art. 15, 17 et 19, titre IV de la loi du 28 Ventôse an X contiennent quelques dispositions pénales contre les contrevenants, mais elles ne sont pas exécutées et manquent de précision; il faudrait qu'elles fussent complétées, et, si je puis me servir de ces expressions, rafraîchies et rajeunies. Je pense en outre que le moyen le plus efficace pour empêcher les jeux de Bourse serait une disposition rendant inapplicable à ces jeux l'art. 1967 du Code civil qui interdit la répétition des dettes de jeu volontairement payées.

Cette mesure serait certainement hardie, mais si tranchées et si hardies que soient les innovations proposées, il ne faut pas les repousser quand il s'agit de faire prévaloir des améliorations d'un intérêt général.

Enfin, comme conclusion définitive, nous ajouterons que puisque c'est dans un but moral qu'on a cru devoir proscrire les maisons de jeu, il ne faut pas faire d'exception en faveur de la plus importante de ces maisons, de celle où le jeu est le plus dangereux et se pratique sur une plus grande échelle.

Nous sommes loin de demander qu'on supprime l'institution des Bourses, dont nous avons au contraire proclamé l'utilité et même la nécessité, mais nous pensons qu'il faut en épurer les opérations et supprimer toutes celles qui, s'écartant du but de l'institution primitive, constituent uniquement des jeux et paris; en un mot qu'il faut, au risque de n'avoir pas l'approbation des habitués de la Bourse et des intermédiaires auxquels profite l'état de choses actuel, faire recouvrer à cette institution la considération que lui ont fait perdre les opérations illégales et désastreuses qui s'y produisent chaque jour.

C'est depuis l'institution des Bourses qu'a commencé sur le marché l'invasion des valeurs au porteur; ce sont ces valeurs qui ont surtout favorisé et rendu faciles les jeux de Bourse.

Il est certain que si elles disparaissaient, les jeux disparaîtraient presque instantanément; mais bien que leur fâcheuse influence non-seulement pousse aux spéculations illicites, mais se prête à bien d'autres fraudes, on ne peut penser à en demander la suppression, car leur utilité, dans certains cas, est indiscutable; elles évitent souvent au propriétaire de nombreux embarras, elles le dispensent de formalités gênantes et coûteuses et elles sont entrées dans les usages de tous les pays.

En demander la suppression serait proposer une mesure financière presque internationale: car, si la suppression n'était pas générale, le pays qui l'aurait décrétée verrait bientôt ses valeurs au porteur remplacées sur ses marchés par des valeurs étrangères.

Aussi, cette innovation n'est pas à demander en ce moment, et, si nous avons parlé des valeurs au porteur, c'est moins pour les dénoncer que pour constater leur influence sur les spéculations de Bourse; nous pensons que bien qu'elles facilitent énormément les opérations contre lesquelles nous protestons, elles doivent rester sur le marché et que leur suppression est impossible dans l'état actuel de la Société; c'est un mal momentanément nécessaire.

Les autres mesures que nous demandons; c'est-à-dire la suppression des marchés à terme, qui du reste sont illégaux, et un contrôle réel et impartial pour l'admission à la cote, pourront aussi entraver momentanément quelques grandes affaires de Bourse; les sommités de la haute Banque protesteront probablement, en affectant de porter une partie de leurs affaires sur des marchés étrangers, mais nous ne voyons pas quel préjudice sérieux en résulterait; au contraire, notre crédit augmenterait peut-être encore, et rien n'indique au surplus que notre initiative ne sera pas, dans un certain délai, suivie par d'autres nations.

Lors de la proscription chez nous des maisons de jeux, nous les avons vues accueillies d'abord avec faveur par d'autres pays, qui, depuis, ont suivi notre exemple et en ont ordonné la suppression; le coin de terre où elles fleurissent en ce moment n'est pas, à proprement parler, une nation, mais un pays sans nationalité, une agglomération d'habitants nomades.

Au surplus, si la haute finance proteste, les personnes de la classe moyenne: rentiers, petits capitalistes, travailleurs ne pourront les suivre; ils se contenteront des négociations qu'ils ont sous la main; et ce déplacement de jeu et de spéculation ne pourra que procurer aux acheteurs sérieux de meilleures conditions pour l'emploi de leur patrimoine et de leur épargne.

Si nous arrivons à ce résultat, nous croirons avoir accompli une grande partie de notre tâche, car dans ce travail, nous avons surtout eu en vue la classe moyenne, celle qui donne l'exemple du travail, de l'ordre et de l'économie.

Nous ne pouvons prévoir ce que l'avenir réserve aux autres maisons de jeu; peut-être croira-t-on devoir les rétablir un jour? Mais, même dans ce cas, tout ce qui a l'apparence du jeu devrait être proscrit de la Bourse qui, une fois rappelée à son véritable but, ne devra plus sortir de la légalité; car aucune raison morale ou économique ne milite en faveur des négociations de Bourse à terme; on peut au contraire appuyer sur quelques motifs plus ou moins sérieux l'existence de maisons de jeu ordinaires, réglementées et surveillées; et, au surplus, ces maisons ne sont funestes qu'aux personnes qui les fréquentent volontairement et elles peuvent se dispenser d'y entrer; tandis que les jeux de Bourse ont quelquefois, même pour celles qui ne recherchent pas l'*alea* et pour le crédit de l'Etat, les déplorables résultats que nous avons cherché à signaler plus haut.

Ce ne sont ni les raisonnements les plus convaincants et les plus serrés, ni les exemples des catastrophes, si nombreuses et si fatales qu'elles soient, qui feront cesser les jeux de Bourse; pour obtenir ce désirable résultat, il est besoin de la tutelle salutaire du Gouvernement et au besoin du législateur; il faut, avec leur concours combiné, faire exécuter la loi et la compléter au besoin.

Tant que cette intervention ne viendra par arrêter les abus qu'on a laissé s'introduire, ils ne feront que se propager et prendre racine; ceux que domine la passion du jeu, et qui ne peuvent la satisfaire dans d'autres établissements autorisés, trouveront dans les opérations de Bourse un appât toujours tendu, continueront à s'y livrer jusqu'au moment où des opérations successivement malheureuses les forceront à abandonner le terrain et à avoir recours à une émigration forcée, pour laquelle l'équipage qui les conduisait à la Bourse leur rendra le dernier service de les conduire au chemin de fer.

Telle est malheureusement trop fréquemment la destinée des habitués des jeux de Bourse. Après avoir étalé pendant quelque temps leur majestueuse importance et leur assurance au moins problématique, on les voit disparaître instantanément sans drame et sans éclat; on les désigne et on les plaint comme des spéculateurs malheureux; ce sont en réalité des joueurs décavés.

A côté de ces victimes de la Bourse, on peut, il est vrai, citer exceptionnellement quelques personnes auxquelles la chance a été favorable et qui ont trouvé dans des opérations heureuses la fortune et comme conséquence forcée une considération momentanée; toutefois, le nombre en est bien restreint, comparé à celui des joueurs qui y ont englouti leur patrimoine ; quant à ces spéculateurs favorisés, on en voit bien peu profiter longtemps, soit par eux-mêmes, soit par leur famille, de la fortune qui a paru momentanément leur sourire ; car si les fortunes acquises par le travail se consolident souvent et assurent le bien-être des familles, celles qui résultent de l'*alea* sont en général les moins bien administrées et celles qui disparaissent le plus promptement.

Les moralistes doivent donc combattre la passion du jeu, n'importe sous quelle forme elle se produit, lorsqu'elle n'a en vue que le gain, parce que c'est pour les familles une cause de ruine et quelquefois de déshonneur, et en outre parce que cette passion absorbe les joueurs à un point tel qu'elle devient leur seul objectif; c'est uniquement sur la chance qu'ils comptent pour arriver à la fortune ; quant au travail, pour eux c'est un mot vide de sens ; ils ne comprennent que les émotions du jeu et restent totalement étrangers à ce principe, source de tous les progrès : *Aide-toi, le Ciel t'aidera.*

Des Arbitrages.

Les jeux de Bourse à terme, c'est-à-dire les spéculations à la hausse et à la baisse contre lesquelles nous avons protesté, et dont nous avons cherché à démontrer l'illégalité, ne sont pas les seules opérations de Bourses dangereuses pour les personnes qui ne peuvent se rendre compte personnellement des subtilités coulissières, et qui se livrent aveuglément aux intermédiaires intéressés.

Nombre d'autres opérations, qui en dérivent directement ou indirectement, peuvent être l'objet de critiques sérieuses.

Nous n'essayerons pas de les signaler toutes; les limites de ce travail ne le permettent pas; mais nous croyons, avant de terminer, devoir appeler l'attention sur les *arbitrages* auxquels on a fréquemment recours depuis quelques années et dont les fâcheux résultats frappent principalement sur le rentier et le petit capitaliste.

Lorsque les marchés à terme, l'agiotage, les syndicats, les banques d'émission, etc., etc., ne faisaient pas atteindre aux valeurs des prix exagérés, ces rentiers et petits capitalistes trouvaient à la Bourse pour leurs fonds un emploi, sinon très fructueux, au moins rémunérateur. Ils n'achetaient que de bonnes valeurs qui restaient dans leurs portefeuilles comme emplois sérieux; ces valeurs, suivant l'expression admise, *étaient classées*.

Cela ne faisait pas tout à fait l'affaire des intermédiaires; aussi ils cherchèrent à sortir de cette immobilité, et bientôt ils en eurent trouvé l'occasion et le prétexte.

Le taux élevé des valeurs ayant amoindri considérablement le revenu, et l'ayant souvent rendu insuffisant, ils conseillèrent à leurs clients de combler le déficit au moyen d'une spéculation particulière désignée sous le nom *d'arbitrage*, et ils rencontrèrent un appui dans les journaux financiers chargés de patronner et *faire mousser* telle ou telle entreprise.

Voici comment se pratique l'arbitrage: Vous avez, dit-on au capitaliste, des valeurs représentant au taux actuel une somme de 10,000 francs et ne produisant qu'un revenu de 400 francs.

Réalisez-les et employez sur le prix 9,000 francs pour acheter d'autres valeurs (que l'intermédiaire indique), vous aurez la même rente, plus un excédant en capital de 1,000 francs.

Le conseil paraît bon à suivre. On fait l'opération, on considère les 1,000 francs de *boni* comme produits par les valeurs qu'on possède en portefeuille, on en dispose comme d'un revenu ordinaire, et on renouvelle l'opération dès que l'occasion se présente.

Pendant quelque temps, des arbitrages successifs semblent réussir et présenter d'heureux résultats; alors le rentier considère son revenu comme augmenté des plus-values.

Cependant, quelque temps après, le taux des valeurs acquises en remploi, au lieu d'augmenter diminue, et cela a lieu presque toujours; car nous l'avons déjà dit, l'importance du revenu est souvent en raison inverse de la sécurité des valeurs. Alors, si celui qui les possède se trouve obligé de réaliser, loin d'avoir une augmentation de capital, il voit ce capital considérablement amoindri ; en effet, au lieu de valeurs de premier ordre, il n'en a plus que des secondaires soumises aux fluctuations de l'*agio*.

Il est bien certain que cette diminution du taux se présenterait dans des conditions moins défavorables, si celui qui veut tâter de l'arbitrage, au lieu d'avoir considéré les plus-values de ses valeurs comme une augmentation de revenu, avait fait emploi de la totalité des sommes provenant des premières négociations.

Mais en agissant ainsi, aucun avantage apparent ne le pousserait vers l'arbitrage ; heureusement pour lui il conserverait ses bonnes valeurs, et en cas de réalisation, son capital, au lieu de subir une dépréciation, se trouverait augmenté, car lorsque des sinistres ont lieu dans des entreprises hasardeuses, les personnes prudentes abandonnent les placements précaires et se tournent vers des valeurs de tout repos ; alors le taux de ces valeurs augmente et celui qui les détient profite de cette augmentation.

Extrait du compte-rendu par M. Loriquet, secrétaire-général des travaux de l'Académie de Reims (années 1880-1881), séance du 1881.

—

M. Goda a étudié, au double point de vue historique et juridique, la question des jeux dont le gain est l'objectif, et a donné lecture à l'Académie d'un fragment du travail qu'il prépare sur ce sujet. On sait que forcé de mettre un frein au dol et à la fraude qui s'étaient glissés dans les maisons de jeu et ne pouvant les surveiller toutes, le Gouvernement les ferma, à l'exception de quelques privilégiées qui furent placées sous l'œil de la police ; puis vint un temps où le patronage des maisons de jeu fut jugé immoral et leur suppression fut décrétée.

De là l'extension prise par les affaires de Bourse.

La Bourse est une institution non-seulement utile, mais indispensable comme marché où le rentier et le capitaliste peuvent soit acquérir les valeurs sur lesquelles ils désirent placer leurs fonds, soit réaliser ces valeurs, en un mot pour les opérations au comptant.

Mais la Bourse admet aussi des opérations à terme, et ce sont de beaucoup les plus nombreuses.

M. Goda n'a pas de peine à démontrer que ces opérations ne sont pas autre chose qu'un jeu, et de tous le plus immoral, surtout en présence de l'énormité des intérêts exposés aux aléas résultant de la hausse ou de la baisse, des capitaux fictifs, des reports, de l'abus des émissions, etc., etc.

Notre Confrère indique les remèdes que pourrait apporter à cet état de choses la législation, ou du moins la saine application des lois existantes.

DES
LOTERIES & TOMBOLAS

On peut trouver quelques excuses à la passion du jeu et plaider les circonstances atténuantes, car cette passion est souvent le résultat d'un entraînement involontaire. Le joueur a commencé par chercher une distraction momentanée; bientôt cette distraction est devenue pour lui une chose presque indispensable; enfin, elle a progressivement dégénéré en un besoin insurmontable.

Souvent le joueur d'habitude se redresse lui-même contre sa passion dominante; puis, une occasion se présente, il se croit assez fort pour s'arrêter à temps et tenter un jeu qu'il entend limiter; mais sa passion a le dessus, et involontairement, blasphémant contre sa faiblesse, il se laisse emporter, oublie ses résolutions. Le jeu n'est plus une distraction, c'est du délire, une espèce de vertige.

Il n'en est pas de même pour la loterie; ce n'est pas dans le but de se récréer, de chercher une diversion à ses occupations ordinaires qu'on engage passivement son argent dans l'espoir de la sortie plus ou moins improbable d'un numéro ou d'un assemblage non raisonné de numéros; celui qui tente cette chance aléatoire n'est point excité par la fièvre brûlante qui saisit souvent le joueur pendant la partie et lui enlève momentanément la raison; il agit de sang-froid, sans entraînement, à tête reposée; ce qui le pousse, c'est le désir d'arriver à la fortune sans efforts, sans travail, par un coup du sort qu'il espère toujours et qui ne se réalise presque jamais.

On rencontre quelquefois chez le joueur une nature ardente, impressionnable et à l'occasion susceptible de nobles aspirations. Quelques pages éloquentes ont été quelquefois consacrées à sa défense, et il a été présenté comme autant à plaindre qu'à blâmer.

Chez l'habitué de la loterie, au contraire, on ne trouve rien de cet entraînement involontaire qui peut faire excuser le joueur; on ne rencontre qu'une cupidité inerte et envieuse.

Le législateur ne doit donc ni tolérer ni encourager cette passion; il doit encore moins la provoquer. Tous ses efforts doivent tendre à la combattre et à la faire disparaître de nos habitudes, et, pour la loterie, il lui est plus facile que pour le jeu d'arriver à un heureux résultat, car, si le jeu peut se pratiquer clandestinement et défier la surveillance, la publicité et la réclame sont indispensables au succès des loteries importantes; le législateur peut donc toujours les entraver et imposer son *veto*.

Nous ne nous étendrons pas sur l'origine de la loterie, que quelques érudits font remonter au-delà des Hébreux et des Egyptiens. Leurs recherches, quoique très-intéressantes, ne peuvent trouver place dans un travail limité où l'on ne veut traiter que des questions d'un intérêt actuel, et qui, pour imposer l'attention et être examinées sérieusement, doivent avant tout être exposées succintement et avec une grande sobriété de détails; au point de vue historique, nous nous bornerons donc à un simple coup d'œil rétrospectif.

Les Romains étaient très amateurs de loteries; indépendamment de celles particulières, quelques-unes avaient un caractère public, et lorsque le peuple réclamait *panem et circenses*, cette dernière expression s'appliquait autant aux loteries qu'aux spectacles publics, car, dans les représentations gratuites, les Empereurs, comme preuves de leur munificence, faisaient quelquefois jeter à la foule des lots dont profitaient les plus heureux ou les plus adroits.

Auguste avait inventé un genre original de loterie : il mettait en vente des tableaux dont l'envers seul était en évidence; l'acquéreur ignorait la valeur de son acquisition, et souvent, pour une somme modique, on obtenait une peinture d'un grand prix, et, par contre, on payait quelquefois une somme élevée des œuvres sans mérite qu'en langage d'atelier on eût gratifiées d'une épithète aussi dure que triviale. [1]

Depuis quelques années, une loterie amusante, en même temps qu'inoffensive, est en vogue chez nous ; c'est la tombola, comprenant avec des lots heureux d'autres lots malheureux se composant de choses excentriques, dont la sortie excite l'hilarité

---

(1) Les peintures sans mérite sont, dans la langue d'atelier, qualifiées de *croûtes*.

de l'Assemblée. Nous avons cru que notre époque en avait eu l'initiative, c'était une erreur. Son origine remonte à Héliogabale, qui, pour se procurer un divertissement lui plaisant paraît-il beaucoup, faisait figurer dans les lots gagnants, à côté de sommes importantes en or et en argent et d'œuvres d'art d'une valeur réelle, une collection de mouches domestiques, un chien mort ou autre objet dérisoire.

Les Gaulois, auxquels il fallait des plaisirs plus bruyants et plus matériels, ne semblent pas avoir compris la loterie dans leurs divertissements ordinaires.

Il en fut de même pendant l'enfance de notre nation, et ce n'est qu'à partir du XVe siècle que l'usage paraît s'en être introduit en France.

Presque toujours blâmées par les moralistes, elles furent tantôt en grande vogue, tantôt délaissées.

François Ier autorisa et protégea les loteries ; six ans plus tard, les Parlements en firent saisir et supprimer quelques-unes. On n'en voit pas de traces sous Louis XIII, mais elles sont en grande faveur sous Louis XIV.

Toutefois, pendant longtemps, elles étaient restées à l'état de récréations particulières, et c'est seulement en 1700 que le Gouvernement s'en attribua l'exploitation et pensa à s'en faire un revenu plus ou moins moral.

L'arrêté qui établit la première loterie royale est ainsi formulé :

« Sa Majesté ayant reconnu l'inclination natu-
» relle de la plupart de ses sujets à mettre de l'ar-
» gent aux loteries particulières, et désirant leur
» procurer un moyen agréable et commode de se
» faire un revenu *sûr et considérable* pour le reste
» de leur vie et même *d'enrichir leur famille en*
» *donnant au hasard*, a jugé à propos d'établir à
» l'Hôtel-de-Ville une Loterie Royale. »

Voilà donc la loterie officiellement recommandée et entrée dans le domaine fiscal; l'arrêté pris par Sa Majesté indique les raisons qui l'ont motivé.

Toutefois, ses considérants ne paraissant pas à l'abri de toute critique, j'ai cru devoir les transcrire textuellement et les laisser à l'appréciation des moralistes.

Quant à moi, j'avoue avec la plus grande franchise que j'ai peine à comprendre que la loterie puisse jamais être proposée comme un moyen *agréable et commode de se faire un revenu sûr et considérable pour le reste de sa vie, et d'enrichir sa famille en donnant au hasard.*

En 1793, la loterie était en grande faveur, la Convention en décréta l'abolition; elle reparut sur de nouvelles bases en 1799 et se développa alors dans de vastes proportions. [1]

---

[1] Trois tirages par mois avaient lieu dans chacune des villes de Paris, Bordeaux, Lyon, Strasbourg et Lille.
L'administration centrale de la loterie formait l'une des directions du ministère des finances; elle avait un Directeur et un Sous-Directeur.
Les tirages étaient entourés de toutes les garanties. Ils avaient lieu : à Paris, en présence du Préfet de police, du Directeur et du Sous-Directeur de la loterie;

Les bureaux de loterie, organisés dans un grand nombre de villes, eurent bientôt une clientèle immense. La publication des numéros sortis, dans les petites villes principalement, devint une grande attraction et était attendue avec une impatience qu'on n'osait pas trop faire paraître, car beaucoup de joueurs n'avouaient pas leur passion, prenaient ou faisaient prendre secrètement leurs numéros et se renseignaient sur les tirages par voies indirectes.

Cette espèce de respect humain, bien que poussé assez loin, n'arrêtait toutefois pas les progrès de la loterie; les habitués se dissimulaient, mais il n'y prenaient pas moins part. La loterie ruinait ses clients en détail et sans éclat; aussi, malheureusement, les désastres occasionnés par cette passion ne servaient pas toujours d'exemple, car ils se produisaient insensiblement et le plus souvent la cause en était sinon complétement inconnue, au moins non avouée.

La plupart des classes de la société étaient atteintes, mais principalement celles qui vivent de leur travail, pour lesquelles l'épargne et l'économie sont un devoir rigoureux et que le Gouvernement doit plus spécialement protéger.

---

et, dans les autres villes, en présence du Maire, du Procureur du Roi et de l'Inspecteur en chef de la loterie.

L'Etat, qui tirait un bon parti des loteries, s'en était réservé le monopole exclusif, car, d'après les lois du 9 Vendémiaire an XII et 12 Germinal an VI, il était défendu de recevoir des mises et de distribuer des billets pour les *loteries étrangères ou particulières*, de tenir la banque pour ces loteries, de prêter ou de louer un local pour ces mêmes loteries à peine d'un emprisonnement de deux mois au moins et de six mois au plus et d'une amende de 100 fr. à 6,000 fr., et en outre de la confiscation des fonds et objets trouvés dans les locaux. (Ordonnance du 6 Janvier 1831.)

Les personnes dans des positions élevées, les favorisés de la fortune, ayant moins à envier, n'étaient pas les habitués ordinaires des bureaux de loterie; ces habitués étaient généralement des employés, des ouvriers, des domestiques, des détaillants, enfin des personnes qui doivent avant tout penser à leur avenir et à l'avenir de leur famille, et qui, se trompant de voie, prenaient pour atteindre leur but, un chemin les en détournant.

On y rencontrait aussi des petits rentiers qui, dans l'espoir plus que problématique d'améliorer pour l'avenir une position médiocre, s'imposaient dans le présent les plus rudes privations.

Chez la femme, la passion de la loterie était plus générale et plus développée que chez l'homme. Les femmes mariées la satisfaisaient discrètement et à l'insu de leurs maris, aux dépens du ménage; mais celles qui étaient libres de leurs actions s'en cachaient moins; les résultats des derniers tirages, les probabilités des tirages prochains formaient l'élément ordinaire de leurs conversations intimes; elles se faisaient réciproquement part de leurs espérances et se communiquaient leurs rêves.

L'habitué chronique de la loterie ne connaissait pour toute œuvre littéraire et scientifique que la *Clef des Songes* et quelques autres recueils prophétiques; c'était sa lecture ordinaire et l'objet de ses commentaires familiers.

La plupart des abonnés de la loterie n'avouaient pas ouvertement cette habitude, nous l'avons déjà dit; ils s'efforçaient de la dissimuler autant que possible, mais ils n'arrivaient pas à tromper entièrement leurs concitoyens, et la passion qui les dominait n'était pas un secret pour beaucoup de personnes.

Chaque catastrophe importante et forcément dévoilée donnait lieu à de nombreuses protestations contre l'existence des loteries et spécialement contre l'exploitation, par le Gouvernement, d'une institution qui engendrait de si funestes résultats.

La suppression de la Loterie Royale était donc généralement réclamée, et ceux mêmes qui en recherchaient les émotions n'osaient pas prendre ouvertement sa défense; mais cette loterie était pour l'Etat une source de produits d'une perception facile, et on hésita longtemps avant d'y renoncer; néanmoins, les protestations devenant chaque jour plus nombreuses et plus accentuées, le Gouvernement fut obligé de céder, et la proscription non-seulement de la Loterie Royale mais des loteries particulières fut décrétée par une loi du 21 Mars 1836.

Cette loi est ainsi conçue :

« ART. 1er. — Les loteries de toute espèce sont
» supprimées.

» ART. 2. — Sont réputées loteries et interdites
» comme telles les ventes d'immeubles, de meubles
» ou de marchandises effectuées par la voie du
» sort ou auxquelles auraient été réunies des primes
» et bénéfices dus au hasard, et généralement toutes

» opérations offertes au public pour faire naître
» l'espérance d'un gain qui serait acquis par la voie
» du sort.

» ART. 3. — La contravention à ces dispositions
» sera punie des peines portées en l'article 410 du
» Code pénal. [1] S'il s'agit de loteries d'immeubles,
» la confiscation prononcée par ledit article sera
» remplacée, à l'égard du propriétaire de l'immeu-
» ble mis en loterie, par une amende qui pourra
» s'élever jusqu'à la valeur estimative de cet immeu-
» ble. En cas de seconde ou ultérieure condamna-
» tion, l'emprisonnement ou l'amende portés en
» l'article 410 pourront être élevés au double du
» maximum ; il pourra, dans tous les cas, être fait
» application de l'article 463 du Code pénal. [2]

» ART. 4. — Ces peines seront encourues par les
» auteurs, entrepreneurs ou agents de loteries fran-
» çaises ou étrangères, ou des opérations qui leur
» sont assimilées, ceux qui auront colporté ou dis-
» tribué les billets, ceux qui par des avis, annonces,
» affiches, ou par tout autre moyen de publication,
» auront fait connaître l'existence de ces loteries
» seront punis des peines portées en l'article 411

---

[1] ART. 410. — (Voir plus haut, page 32.)

[2] ART. 463. — Cet article est abrogé par la loi du 13 Mai 1863, qui porte :
« Dans tous les cas où la peine de l'emprisonnement et celle de l'amende sont
» prononcées par le Code pénal, si les circonstances paraissent atténuantes, les
» tribunaux correctionnels sont autorisés, même en cas de récidive, à réduire
» l'emprisonnement même au-dessous de six jours, et l'amende même au-dessous
» de 16 fr. Ils pourront aussi prononcer séparément l'une ou l'autre de ces
« peines et même substituer l'amende à l'emprisonnement sans que, dans aucun
» cas, elle puisse être au-dessous des peines de simple police. »

» du Code pénal. ⁽¹⁾ Il sera fait, s'il y a lieu, appli-
» cation des deux dernières dispositions de l'article
» précédent.

» ART. 5. — Sont exempts des dispositions des
» articles 1 et 2 ci-dessus les loteries *d'objets mo-*
» *biliers* exclusivement destinées à des *œuvres de*
» *bienfaisance ou à l'encouragement des arts,* les-
» quelles auront été autorisées dans les formes qui
» seront déterminées par des règlements d'admi-
» nistration publique. ⁽²⁾ »

Telle est la législation actuelle concernant les loteries.

Pour frapper les loteries de proscription, on ne pouvait édicter aucunes dispositions plus précises que celles comprises dans les quatre premiers articles de cette loi; aussi, lors de sa promulgation, ces articles ont reçu l'approbation générale, sauf, bien

---

(1) Cette peine est d'un emprisonnement de quinze jours au moins et de 3 mois au plus, et d'une amende de 100 fr. à 2,000 fr.

(2) Ordonnance du 29 Mai 1841, *concernant les loteries d'objets mobiliers exclusivement destinées à des œuvres de bienfaisance ou à l'encouragement des arts :*

ART. 1ᵉʳ. — Les loteries désignées en l'article 5 de la loi du 21 Mai 1836, seront autorisées, savoir : par le Préfet de police pour Paris et le département de la Seine, et dans les autres départements par les Préfets sur la proposition des Maires. Ces autorisations ne seront accordées que pour un seul tirage; elles énonceront les conditions auxquelles elles auront été accordées dans l'intérêt du bon ordre et dans celui des bénéficiaires.

ART. 2. — Les tirages se feront sous l'inspection de l'autorité municipale, aux jour et heure qu'elle aura déterminés. L'autorité municipale pourra, lorsqu'elle le jugera convenable, faire intervenir dans cette opération la présence de ses délégués ou de commissaires agréés par elle.

Le produit net des loteries dont il s'agit sera entièrement et exclusivement employé à la destination pour laquelle elles auront été établies et autorisées, et il devra en être justifié.

Le sénatus-consulte du 3 Mai 1854 rend les dispositions de cette loi applicable aux colonies de la Martinique, de la Guadeloupe et de la Réunion.

entendu, celle des habitués ordinaires de la loterie, c'est-à-dire des personnes dans l'intérêt desquelles la loi avait été cependant votée.

Les exceptions contenues dans l'article 5, comme les dispositions des articles précédents, ont été également admises dans un but moral et d'une utilité reconnue et incontestable.

Si aujourd'hui elles étaient appliquées dans leur esprit et comme elles ont été comprises par le législateur, ces exceptions seraient aussi à l'abri de toute critique ; malheureusement, il est arrivé pour elles ce qui arrive pour toutes les exceptions, on en a dénaturé le sens et on leur a donné une extension qui détruit les prescriptions des premiers articles, rétablit par voie indirecte les anciennes loteries et rend illusoires les effets de la proscription qui fait l'objet principal de la loi du 21 Mai 1836.

Nous allons examiner ces deux exceptions.

Exception en faveur des Loteries de Bienfaisance.

La première exception, celle dont on a surtout abusé, concerne les loteries dites de bienfaisance. Pour rester dans l'esprit de la loi, la bienfaisance seule devrait concourir à leur organisation; les souscripteurs devraient avoir exclusivement comme objectif la participation à une bonne œuvre. Rigoureusement, les objets mis en loterie devraient eux-mêmes être le produit d'une libéralité. Nous admettons toutefois qu'en cas d'insuffisance de lots offerts à ce titre, il soit prélevé sur le montant des souscriptions la somme nécessaire pour en augmenter le nombre ; mais on ne devrait jamais perdre de vue que, dans une loterie de bienfaisance, le véritable but doit être la charité, l'*alea* ne devrait jamais être considéré que comme un stimulant secondaire.

Un grand nombre de loteries particulières sont établies sur ces bases et réunissent ces conditions ; ce sont réellement des œuvres de bienfaisance. Les lots, presque tous spontanément offerts, n'ont pas une valeur pouvant tenter la cupidité du souscripteur ; ce dernier, en versant le prix de ses billets, a pour unique but le désir d'encourager une œuvre utile. Le gagnant considère le lot qui lui est échu comme souvenir d'une bonne action, et quelquefois il l'offre à une œuvre analogue.

Ces loteries rentrent complétement dans l'esprit de la loi ; elles doivent être encouragées et propagées.

Ce sont les loteries plus générales qui faussent la loi et la détournent de son véritable but. Dans ces loteries, on emploi une notable partie des souscriptions à l'achat de lots tentateurs représentant une valeur importante ; on les fait miroiter aux yeux du public, on a recours à la réclame et à une publicité onéreuse, une partie des souscriptions sert à payer des courtiers et intermédiaires intéressés, chargés de faire valoir la *marchandise*. Ces entre-

prises sortent de l'exception telle qu'elle a été comprise par le législateur; elles remplacent, par une voie détournée, les loteries prohibées. *L'alea* devient le but principal, la bienfaisance n'est plus que l'accessoire, le prétexte; quelques souscripteurs ne connaissent même pas le but de l'œuvre, et, au surplus, peu leur importe ; ce qu'ils envisagent, ce sont les parures de diamants, services d'argenterie et autres lots importants.

Aucune personne sérieuse n'oserait affirmer que c'est le désir de concourir à une œuvre de bienfaisance qui a poussé à se jeter sur les loteries du lingot d'or, de l'Exposition universelle, sur la loterie Franco-Espagnole et sur tant d'autres, dont les billets ont donné lieu à un commerce scandaleux, ont fait primes et ont procuré d'importants bénéfices à des industriels en faveur desquels la souscription n'était cependant pas ouverte.

Ces loteries, dans les conditions où elles ont lieu aujourd'hui, tout en paraissant rester dans la loi, portent à son esprit une atteinte incontestable, et les organisateurs ne s'arrêtent que lorsque la violation devient trop manifeste et qu'on ne peut pousser plus loin l'interprétation élastique de l'exception.

Dans une circonstance récente, lors de la fondation de la loterie Franco-Espagnole, les faiseurs, du reste peu jurisconsultes, qui étaient à la tête, en avaient d'abord mis complétement de côté le texte même de la loi.

Contrairement aux dispositions expresses de la

loi du 21 mai 1836, qui n'autorise que les loteries *d'objets mobiliers*, le lot principal se composait d'un immeuble important situé à Paris. Les organisateurs de la loterie savaient-ils qu'ils commettaient une illégalité criante? Ils ne s'en doutaient probablement pas; mais cette illégalité, inconsciente de leur part, était trop patente; car, nous venons de le dire, ce n'était pas seulement l'esprit de la loi qui était mis de côté, c'était son texte même qui était méconnu; aussi, sur les observations plus ou moins officieuses qui leur ont été nécessairement faites, ils reconnurent qu'ils avaient dépassé les bornes de l'interprétation, même la plus fantaisiste, et modifièrent la composition des lots; l'immeuble fut alors remplacé sur le programme par une inscription de rente sur l'Etat d'une valeur à peu près égale. Au moyen de cette rectification, les termes de la loi furent respectés. En effet, l'article 529, § 2 du Code civil porte: *Sont meubles par détermination de la loi les rentes perpétuelles et viagères soit sur l'Etat soit sur particuliers.*

Mais en respectant le texte de la loi, s'est-on bien conformé à son esprit? Nous ne le pensons pas; car en autorisant pour les loteries de bienfaisance des lots *d'objets mobiliers*, le législateur n'a très certainement entendu attribuer à ces expressions que le sens qu'on leur donne dans le langage ordinaire; c'est-à-dire qu'il a entendu parler *d'objets mobiliers corporels*, qui n'enrichissent pas les gagnants et doivent représenter seulement pour lui le souvenir d'une bonne action favorisée par le hasard.

Autoriser, comme on le fait aujourd'hui, des loteries dont l'objectif principal est une somme ou une valeur escortée d'autres lots composés d'objets d'un prix important et aisément réalisable, c'est rétablir indirectement, par une fausse interprétation de la loi qui les proscrit, la Loterie Royale et les anciennes loteries particulières. Les gros lots remplacent le *quine* et le *quaterne*; peu importe que l'objet gagné soit fourni en argent, en effets mobiliers d'un prix considérable, en inscriptions de rente, créances ou autres valeurs; le résultat est le même au point de vue moral.

N'ayant l'intention de faire aucune critique ni aucune opposition systématiques, nous sommes heureux de constater, en ce qui concerne les loteries contre lesquelles nous nous élevons, que la somme restée disponible après le prélèvement des commissions, courtage, frais de gestion et de publicité est réellement employée en œuvre de bienfaisance; mais ce n'est pas sous un seul aspect que les choses doivent être envisagées, il faut les examiner sous toutes les faces.

Les produits de l'ancienne Loterie Royale avaient aussi un emploi utile, car ils venaient augmenter les ressources de l'Etat, conséquemment la fortune publique, et, examinée à ce point de vue, cette loterie avait sa raison d'être; cependant, on a cru devoir y renoncer, par des considérations morales, c'est-à-dire parce que les loteries encourageaient les convoitises aléatoires, par lesquelles on se laisse trop facilement entraîner et qui ont d'aussi dangereux résultats que ceux engendrés par la passion du jeu.

Avec l'impartialité dont nous nous sommes fait un devoir, nous reconnaîtrons volontiers que les loteries contre lesquelles nous protestons sont quelquefois un moyen efficace de soulager d'intéressantes infortunes et que, sollicités par d'autres moyens, les secours, dans nombre de cas, ne seraient pas toujours aussi facilement obtenus.

Mais, quand elle est directement implorée, la charité rentre généralement dans le domaine des personnes pour lesquelles la bienfaisance est un devoir et qui peuvent la pratiquer sans inconvénients pour leurs familles ; or ce ne sont pas ces personnes qu'attirent la réclame et le miroitement des lots tentateurs offerts comme appât dans les grandes loteries de bienfaisance, ce sont celles qui formaient la clientèle ordinaire de la Loterie Royale, et nous avons fait ressortir que cette clientèle ne se composait pas de la partie opulente de la Société.

Comme la Loterie Royale, les loteries à lots tentateurs attirent surtout des souscripteurs qui, n'étant pas en position de distraire aucune partie de leurs ressources, s'imposent de réelles privations, car quelques-uns peut-être auraient eux-mêmes besoin d'être secourus.

Quant aux heureux résultats que peuvent produire, comme bienfaisance, les loteries dont nous parlons, il ne faut pas en exagérer l'importance; on n'y a pas toujours eu recours pour venir en aide à l'infortune, et cependant la charité ne s'en exerçait pas moins efficacement.

Lorsque des maisons de jeu et la Loterie Royale s'offraient spontanément aux amateurs d'émotions, on ne songeait pas à exciter la bienfaisance par l'appât d'un lot, c'est-à-dire par le jeu, car les loteries ne sont qu'une variété du jeu. Les loteries n'étaient donc pas nécessaires pour alimenter les convoitises aléatoires qu'on pouvait satisfaire sans avoir recours à des moyens détournés.

A cette époque, il s'est cependant produit, comme aujourd'hui, de grands désastres, mais on venait alors en aide aux victimes par une voie plus directe et plus morale.

On se bornait à des souscriptions volontaires qui atteignaient presque toujours le résultat désiré ; chaque souscripteur accomplissait une bonne œuvre, sans arrière-pensée, sans espoir de gain ; c'était de la véritable bienfaisance.

Au milieu des nombreux exemples qu'on pourrait citer, nous nous bornerons à rappeler les incendies de Salins, parce que la souscription ouverte en leur faveur a eu, à cette époque, un grand retentissement consacré par la littérature et les arts.

Au commencement de ce siècle, le village de Salins est entièrement détruit par un incendie; alors les compagnies d'assurance étaient peu répandues ; elles étaient même inconnues à la campagne; aussi tous les habitants sans exception se trouvèrent non-seulement sans asile, mais sans pain, sans vêtements, sans aucune ressource.

Un appel est fait à la charité par la presse qui cependant n'avait pas une publicité aussi étendue qu'aujourd'hui. Les personnes influentes dans toutes les carrières se joignent à elle; du haut de la chaire, les ministres de tous les cultes réclament des secours au nom de la religion; ces secours arrivent abondants et sous toutes les formes, et en peu de temps le village se trouve dans un état plus prospère qu'avant le sinistre; il est vrai qu'il n'avait été prélevé ni réclames, ni commissions, ni frais de publicité.

Lorsqu'au Moyen-Age, l'Europe civilisée se couvrait d'établissements hospitaliers et de monuments représentant une valeur quelquefois supérieure au budget de certains Etats, à qui s'adressait-on pour les élever? A la charité publique, à des quêtes confiées à des personnes qui, pour persuader, n'avaient recours qu'à des arguments moraux et non à la convoitise aléatoire.

L'*alea* n'est donc pas nécessaire pour l'encouragement aux bonnes œuvres; celui qui a l'âme compatissante fait le bien spontanément sans qu'on ait besoin de le stimuler, mais il le fait dans la mesure de ses ressources et sans nuire à sa famille.

Au contraire, celui qui a besoin d'un appât, d'un stimulant, n'accomplit pas une œuvre méritoire; pour lui, la souscription est un jeu, une spéculation; l'*entreprise* en profite, mais souvent la famille du souscripteur en souffre.

Les inconvénients résultant des loteries à grand

orchestre ne sont pas, il est vrai, aussi continus que ceux que présentait l'ancienne loterie, car elles n'existent pas encore à l'état permanent et ne sont qu'accidentelles; mais si on persiste à les autoriser aussi légèrement et à les laisser se propager, comme elles sont devenues des affaires industrielles et que les *faiseurs* ne font pas défaut, elles cesseront d'être temporaires et toujours des loteries à gros lots seront ouvertes et attireront les personnes avides d'émotions de ce genre qui continueront à y engloutir leur épargne au détriment de leur avenir et de l'avenir de leurs familles et atteindront même quelquefois le patrimoine héréditaire.

Il ne suffit pas de signaler le mal et de le définir exactement, il importe de chercher le remède et de l'appliquer avec intelligence; ce remède, pour les loteries de bienfaisance, consiste dans une appréciation saine et bien comprise de la législation, c'est-à-dire de l'article 5 de la loi du 21 mai 1836.

Cet article est d'une brièveté peut-être regrettable. Il n'indique pas d'une manière précise les limites qui doivent être imposées aux loteries de bienfaisance et d'encouragement aux arts, mais sa disposition finale porte que ces loteries *doivent être autorisées dans les formes déterminées par les règlements d'administration publique*; c'est donc à l'autorité administrative qu'a été délégué le mandat de vérifier si les loteries pour lesquelles l'autorisation est demandée rentrent bien dans l'esprit de la loi. Elle ne doit pas oublier qu'elle est chargée de surveiller l'exécution d'une exception dont elle ne doit pas laisser étendre les limites, les exceptions étant de droit étroit, *stricti juris*.

Peut-être une loi plus complète eût été préférable ; mais, puisque l'exécution rigoureuse de celle qui existe paraît suffisante, il faut au moins momentanément s'en contenter et veiller à son exécution.

En France, les dispositions législatives purement économiques et n'ayant pas un caractère politique ne sont pas souvent trouvées dignes d'attirer immédiatement l'attention de nos législateurs et s'immobilisent, la plupart du temps, dans les cartons de la Chambre ; aussi quand on est en présence d'une loi à peu près précise et qu'il s'agit seulement de veiller à son exécution, on peut, au moins momentanément, s'arrêter à ce dernier parti, sans toutefois renoncer aux modifications légales qu'on peut espérer voir ultérieurement voter.

Avant tout, les fonctionnaires chargés d'autoriser les loteries devraient se pénétrer de ce principe que l'autorisation qu'ils sont chargés d'octroyer n'est pas un simple visa, un banal laisser-passer ; que la loi leur confie un mandat plus important ; qu'ils doivent vérifier si ces loteries rentrent bien dans son esprit, et qu'il est de leur devoir de refuser l'autorisation s'ils croient reconnaître que la bienfaisance n'est pas le principal but de l'œuvre.

Ce contrôle sérieux a-t-il lieu aujourd'hui ? On peut, sans hésiter, répondre NON.

Des industriels, dont on ne peut méconnaître

l'intelligence et l'activité, se mettent à la recherche d'un prétexte plus ou moins sérieux, pour l'organisation d'une loterie; une fois trouvé, on demande l'autorisation, elle est accordée à peu près sans contrôle, sous la pression de quelques influences intéressées; on lance l'affaire, on la fait patronner et recommander; le souscripteur arrive et..... le tour est fait.

Nous n'entendons pas parler seulement du mode actuel de procéder, ni lui infliger un blâme spécial ; les choses se passaient de même sous les régimes précédents ; et cela a lieu non-seulement pour les autorisations concernant les loteries, mais presque pour toutes les autres autorisations administratives; elles sont octroyées souvent sans raison et sans examen, si celui qui les sollicite est bien en cour, et quelquefois même par des motifs moins avouables, ou refusées également sans examen, s'il n'a pas les sympathies des personnes chargées d'autoriser.

Exception en faveur des Loteries pour l'encouragement aux Arts.

La seconde exception concerne les loteries d'objets mobiliers exclusivement destinées à l'encouragement des arts.

Il ne faut pas confondre ces loteries avec les loteries de bienfaisance, bien qu'elles aient également la bienfaisance comme objet et que les loteries de bienfaisance peuvent de leur côté être considérées comme des encouragements aux arts, en ce sens qu'elles entraînent l'acquisition de quelques objets, dont profitent les auteurs.

Les loteries qu'a en vue la seconde exception doivent avoir un caractère spécial et restreint.

Le législateur, en la votant, n'a certainement voulu que venir en aide à des artistes dignes d'intérêt, leur faciliter la vente d'œuvres dont le placement eût été difficile par les voies ordinaires et quelquefois permettre de mener à bonne fin d'autres œuvres qui n'auraient pu être terminées si les artistes n'eussent été encouragés, s'ils n'avaient eu la certitude de leur placement dans un délai plus ou moins rapproché, à des conditions suffisamment rémunératrices.

Telle a été certainement l'intention du législateur; mais ces loteries, depuis quelque temps, sont sorties de leur spécialité originaire ; comme les loteries de bienfaisance, elles sont devenues presque des affaires industrielles. La plupart du temps, elles sont organisées moins en faveur des artistes qu'au profit de brocanteurs et marchands de tableaux et curiosités qui y trouvent un bazar public, un marché quasi recommandé leur permettant d'écouler avec bénéfices les marchandises faisant l'objet de leur commerce ; ce sont ces industriels, plutôt que les artistes, qui sont les principaux bénéficiaires des loteries établies sous la désignation de : loteries destinées à l'encouragement des arts.

Nous irons au-devant d'une exception qui sera nécessairement faite.

Les artistes, dira-t-on, profitent réellement de ces loteries ; car, si elles facilitent au brocanteur la réalisation, avec bénéfice, des tableaux et objets d'art faisant l'objet de son commerce, cette réalisation le met à même de faire de nouvelles commandes et d'accorder de meilleures conditions; donc, à ce point de vue, ces loteries peuvent être considérées comme constituant de véritables encouragements aux arts.

Nous reconnaissons en outre qu'elles entraînent souvent des expositions spéciales, utiles et fréquentées, où l'amateur peut apprécier certains objets d'art qui, malgré leur mérite réel, n'ont pu se faire admettre dans des expositions générales; et elles contribuent ainsi à mettre en relief des talents qui, sans ce mode de publicité, auraient pu rester inconnus.

Ces objections seraient certainement très fondées; aussi nous sommes loin de protester contre les loteries pour encouragement aux arts, nous désirons au contraire les voir se propager.

Mais, de même que nous l'avons fait pour les loteries de bienfaisance, nous demandons qu'elles soient réglementées et ramenées à leur véritable but; c'est-à-dire que les artistes et leurs familles devront surtout en profiter, et que, si l'industrie et le commerce peuvent y trouver leur compte, ce ne devrait être qu'accessoirement.

Nous ne demandons pas qu'on mette entièrement de côté l'intervention mercantile, mais il faudrait y avoir recours le moins possible, tâcher de traiter directement avec les artistes, pour la plus grande partie des acquisitions ou des commandes des objets d'art devant faire partie des loteries, et rechercher avec soin et discernement ceux qui, par leurs efforts et leurs talents inspirent le plus d'intérêt, et dont l'encouragement doit produire les meilleurs fruits.

Or, cet examen, ces recherches, ce contrôle font ordinairement défaut et cèdent le pas à l'industrie et à la spéculation.

Nous ne nous étendrons pas davantage sur ces loteries ; il est impossible de préciser les diverses conditions à imposer aux personnes qui demandent l'autorisation, et les justifications à exiger.

Tout est subordonné aux circonstances.

Ces loteries, qui ont un caractère spécial, dont les lots ont une valeur plutôt artistique que commerciale, et qui, au surplus, ne sont pas organisées sur des bases aussi larges, n'ont pas pour résultat de faire revivre les anciennes loteries prohibées, aussi complétement que les grandes loteries de bienfaisance.

C'est donc sur les grandes loteries de bienfaisance qu'il importe d'attirer l'attention de l'autorité et au besoin du législateur; ce sont elles surtout qu'il faut empêcher de sortir des limites tracées par le législateur.

Nous ne sommes pas seuls à protester contre l'abus des exceptions contenues en l'article de la loi de 1836.

Dans la séance de la Chambre des Députés du 17 Février 1881, M. Janvier de la Motte, député de l'Eure, s'est exprimé ainsi :

» La loi défend les loteries, et il est bon de rap-
» peler une loi lorsqu'elle est surtout, comme celle
» de 1836, une loi de haute moralité. Cette loi dé-
» fend toute espèce de loterie. Il n'y a d'exception
» que pour les œuvres de bienfaisance et pour les
» encouragements aux œuvres d'art. Toutefois, il
» faut le reconnaître, la loi a été maintes fois
» éludée et même violée. N'avons-nous pas vu der-
» nièrement le gouvernement autoriser une loterie
» qui avait un but de charité, dont les lots étaient
» bien des objets d'art, ce qui était légal ; mais ces
» objets d'art pouvaient être échangés contre des
» sommes d'argent, contre des titres de rente, contre
» des immeubles, des châteaux en Espagne, ce qui
» était illégal ? N'avons-nous pas vu également le
» gouvernement autoriser cette fameuse, cette
» légendaire loterie de l'Exposition, dont les comp-
» tes sont encore à rendre ?

» Ceux qui suivent, depuis un certain temps, les
» débats parlementaires doivent avoir souvenance
» de l'interpellation sur la loterie du Lingot d'Or,
» développée à la tribune par M. Pascal-Duprat, et
» se rappeler avec qu'elle ardeur l'Assemblée s'est
» insurgée alors contre les procédés que je viens
» dénoncer aujourd'hui.

» Sans qu'il soit besoin, comme au jour de cette
» interpellation, de vingt-sept ordres du jour, j'es-
» père qu'on invitera le gouvernement à rentrer
» dans la stricte exécution de la loi et à ne plus
» permettre, sous sa seule autorité, ces grandes
» loteries et ces émissions de valeurs à lots, prohi-
» bées par la loi [1]. »

(Journal officiel — Chambre — année 1881 — page 286.)

Après avoir exposé consciencieusement les inconvénients qu'engendre aujourd'hui l'application abusive des exceptions contenues en la loi du 21 Mai 1838, nous croyons devoir ajouter que lorsqu'on veut réformer certains abus, on risque souvent de tomber dans des abus contraires.

Aussi, la trop grande extension donnée aux loteries de bienfaisance et d'encouragement aux arts, et les trop fréquentes émissions de valeurs à lots, dont nous parlerons dans le chapitre suivant, ont poussé quelques moralistes à demander la suppression radicale des loteries sans exception, même en ce qui concerne les loteries de bienfaisance et d'encouragement aux arts.

Nous n'hésitons pas à dire que cette mesure générale nous paraîtrait regrettable, car les loteries de bienfaisance et d'encouragement aux arts, si elles ne sortent pas de leur véritable but, produisent

---

[1]. Voir le compte-rendu de cette séance ci-après aux documents complémentaires.

souvent de très heureux résultats, ce sont des œuvres charitables d'une utilité incontestable qu'on doit encourager.

Ce qu'il importe seulement, c'est de les surveiller, de les forcer à rester à l'état d'exception et à ne pas dépasser les conditions prescrites par le législateur.

DES VALEURS A LOTS

Nous avons cherché à démontrer, dans un chapitre précédent, que si la loi du 21 mai 1836 proscrivant les loteries existe toujours en droit, si elle n'est pas légalement abrogée, son esprit est faussé et ses dispositions à peu près éludées par l'extension excessive donnée aux deux exceptions que contient cette loi, en faveur des loteries de bienfaisance et d'encouragement aux arts, extension qui a rétabli les loteries prohibées et les a fait revivre sous une étiquette mensongère.

Aujourd'hui, notre intention est d'appeler l'attention des économistes sur une nouvelle atteinte encore plus directe, portée chaque jour à cette loi, par une combinaison aléatoire très en faveur, c'est-à-dire par les émissions successives et trop légèrement autorisées des valeurs à lots.

Les loteries et tombolas ne se présentent qu'accidentellement et à l'état temporaire; les émissions de valeurs à lots, au contraire, font renaître la loterie à l'état permanent, car, indépendamment des nouvelles émissions qui ont lieu fréquemment, les valeurs antérieurement autorisées restent toujours sur le marché, et, quoi qu'on fasse, elles y resteront forcément jusqu'à leur entière liquidation.

On ne peut donc faire disparaître instantanément

l'abus que nous signalons. On doit aujourd'hui se borner à en arrêter les progrès, et conséquemment repousser les nouvelles émissions de valeurs à lots; force est de subir les anciennes, dont pendant longtemps encore on ressentira les funestes influences.

Inutile de rechercher l'origine de cette nouvelle combinaison aléatoire; on n'en trouve d'analogue ni dans les temps anciens, ni au moyen-âge; notre siècle peut donc en revendiquer la paternité et l'exploitation.

Les prêts dits *à la grosse et à la grosse aventure*, autrefois très fréquents dans le commerce maritime, semblent, à première vue, présenter quelqu'analogie avec les valeurs à lots, et nous avons entendu quelquefois mettre en parallèle ces deux combinaisons, parce que toutes deux peuvent donner lieu à un remboursement supérieur à la somme prêtée; mais cette analogie n'est qu'apparente et disparaît devant un examen sérieux.

Le prêteur à la grosse exposait un argent qui était perdu en cas de sinistre, de là un intérêt supérieur comme compensation du risque; il n'en est pas de même pour les valeurs à lots, ni surtout pour les emprunts à prime fixe; ces derniers emprunts, sauf de rares exceptions, présentent des garanties sérieuses et le capital engagé n'est presque jamais compromis.

Au surplus, nous n'avons pas à nous étendre sur cette analogie, plus ou moins réelle, d'autant plus que notre intention n'est pas de critiquer les emprunts remboursables avec des primes fixes, opérations que nous considérons comme n'ayant pas le caractère immoral des loteries, et qui, en raison de leur utilité, méritent plutôt d'être encouragées qu'entravées.

En effet, dans ces emprunts, on ne peut gagner aucun lot représentant une somme supérieure au montant de l'obligation nominativement souscrite par l'emprunteur; tout porteur d'une de ces obligations, à partir de l'époque où il s'en rend propriétaire, devient créancier du montant total de cette obligation; cette somme doit être inévitablement remboursée en totalité, soit à lui, soit à ses ayants droit; l'époque du remboursement est seulement inconnue.

Si l'on compare l'intérêt de ces obligations à l'intérêt ordinaire, on le trouve en réalité peu élevé, mais cette modicité d'intérêt est compensée par le remboursement d'une somme supérieure à celle moyennant laquelle l'obligation a été achetée; car l'émission de ces valeurs est moins un emprunt qu'une vente; on vend une créance de 500 fr., ne produisant que 15 fr. de rente, et dont l'échéance est incertaine, moyennant une somme qui varie suivant les époques et les circonstances.

Les divers tirages profitent à tous les obligataires, car ils augmentent la chance de remboursement des obligations non amorties, dont la valeur s'accroît progressivement, à mesure de chaque tirage.

Telles sont les rentes 3 %, amortissables, les obligations de chemin de fer et autres valeurs remboursables à un taux plus élevé que le taux d'émission, mais qui ne comportent pas la chance aléatoire d'un gain plus ou moins important.

Ces valeurs ne doivent pas être considérées comme des valeurs à lots ; la prime n'est pas un *alea*, mais une certitude réalisable dans un temps plus ou moins éloigné.

Il n'y a donc lieu de les critiquer d'aucune manière ; aussi nos observations ne porteront que sur les émissions des valeurs qui constituent de véritables loteries et violent ainsi la loi du 25 mai 1836, c'est-à-dire sur les émissions des valeurs à lots.

A l'époque où ont eu lieu les premiers emprunts avec lots, les villes, communes et départements ne jouissaient pas du même crédit qu'aujourd'hui, leurs obligations n'étaient pas recherchées comme elles le sont en ce moment.

Les rentiers préféraient les prêts sur particuliers, garantis par un gage matériel et toujours réalisable ; l'Etat lui-même n'osait pas émettre directement ses emprunts et avait recours à l'intermédiaire onéreux de la haute banque, qui s'en rendait presque toujours soumissionnaire ; aussi, les emprunts des villes, des départements et des grandes entreprises ne se souscrivaient que difficilement.

Dans cet état de choses, on chercha à attirer les souscripteurs, et l'*alea*, étant en France un attrait puissant, on y recourut. Les loteries Royales et autres étaient à l'index, on offrit à ceux qui en regrettaient les émotions d'autres loteries déguisées, c'est-à-dire des emprunts donnant droit à des lots en argent, tirés au sort; ces loteries furent sanctionnées et autorisées, sans que l'autorité comprit qu'elle patronnait ce qu'elle avait voulu proscrire.

Ce furent les emprunts de la ville de Paris qui donnèrent le principal élan, popularisèrent et mirent en évidence un genre d'opération dont on n'avait pas l'habitude; on proclama bien haut le nom des favorisés et chacun se crut appelé à le devenir.

Aux taux ordinaires d'émission et de négociation, l'intérêt servi était suffisamment rémunérateur et constituait un placement convenable; conséquemment, la chance d'un lot constituait dans l'origine une véritable prime et n'était pas achetée par une perte réelle de revenus, comme cela a lieu aujourd'hui, en raison du prix élevé atteint par ces valeurs.

Le succès des premières opérations devint d'autant plus retentissant qu'après peu de temps, les souscripteurs se trouvèrent en possession de titres qui, indépendamment de la chance aléatoire, représentaient une valeur bien supérieure au prix d'achat et dont la réalisation constituait déjà un bénéfice important.

Aussi, des opérations analogues surgirent de toutes parts; d'autres villes y eurent recours, et il en fut de même d'institutions patronnées par le gouvernement, telles que le Crédit Foncier, le Crédit Communal, etc., etc.

C'est également, en grande partie, au moyen de cet appât qu'on a poussé le public vers le désastreux emprunt mexicain, auquel le gouvernement eut le tort d'accorder un peu légèrement son appui, et qui engloutit rapidement l'épargne d'un grand nombre de personnes, malgré l'indemnité que les Chambres, par un louable sentiment de bienveillance, ont cru devoir leur accorder, indemnité qui a été une lourde charge pour le trésor et est venue accroître la dette inscrite.

Les souscripteurs n'ont, il est vrai, pas trouvé dans cette indemnité une compensation complète du préjudice par eux éprouvé, mais on est forcé de reconnaître que les Chambres ont cependant agi généreusement avec eux, car ce n'était pas seulement le patronage du gouvernement qui les avait entraînés, c'était surtout la chance aléatoire, l'espoir de lots importants, en un mot les émotions d'une véritable loterie. Les souscripteurs s'étaient intéressés dans un jeu qui n'a pas réussi. Ils ont dû s'estimer heureux que l'Etat prît pour son compte une partie de leur perte.

Après cette opération, si désastreuse pour les souscripteurs et les finances du pays, on pouvait espérer que les valeurs à lots perdraient en partie leur vogue et que les amateurs de ces valeurs en seraient un peu détournés ; mais tout ce qui a le caractère aléatoire présente une attraction tellement irrésistible que cette vogue, loin d'avoir diminué, paraît au contraire s'accroître et augmenter tous les jours ; ce ne sont pas en effet les exemples, si fréquents qu'ils soient, les catastrophes si ruineuses qu'elles se présentent, qui ont jamais détourné de leurs passions les personnes avides des émotions du jeu et de la loterie. Pour arriver à ce résultat, une protection légale est nécessaire; il faut l'intervention de l'autorité et du législateur; les joueurs de toutes les catégories ont besoin d'une tutelle intelligente qui les protége contre eux mêmes.

L'Emprunt mexicain a été, il est vrai, une malheureuse exception dans les émissions de valeurs à lots; cet emprunt comme sécurité ne présentait aucune base solide; le gouvernement lui avait donné inconsidérément un appui moral, mais tacite; cet appui ne l'engageait pas légalement, car les souscripteurs avaient souscrit sans y être forcés, dans l'espoir de faire un placement avantageux.

Il n'en est heureusement pas de même pour les autres valeurs à lots; les Associations et Compagnies qui les émettent présentent ordinairement toutes garanties de solvabilité; le capital engagé n'est généralement pas compromis.

Aussi ce n'est pas sous le rapport de la sécurité du placement en lui-même qu'on doit combattre les émissions de valeurs à lots, mais parce qu'elles sont le rétablissement des anciennes loteries, qu'on a à juste titre cru devoir abolir comme poussant le travailleur à un mauvais emploi de ses premières économies.

Les anciennes loteries absorbaient presque toujours en pure perte l'épargne des familles; les émissions de valeurs à lots ont un résultat analogue, quoique peut-être moins réel ; elles n'absorbent pas entièrement l'épargne, mais elles l'empêchent de s'accroître suffisamment, parce qu'elles amoindrissant les revenus des premières sommes économisées, revenus qui, s'ajoutant successivement à l'épargne première, en augmentent le chiffre et constituent ce capital de réserve que cherchent à former les pères de familles prévoyants.

Un aperçu sommaire et comparatif des intérêts des principales obligations à lots et des autres valeurs sans lot en fournira la preuve; car si rien n'est aussi aride que des arguments mathématiques, rien n'est plus exact et plus démonstratif.

Les cours sur lesquels nous établissons nos calculs ne sont pas immuables et sont soumis à des variations partielles résultant de circonstances soit générales, soit spéciales ; aussi nous présentons nos calculs à titre d'exemples temporaires pouvant certainement subir des modifications, mais qui doivent être considérés comme représentant une moyenne aussi exacte et impartiale que possible.

Rentes sur l'Etat et Valeurs à lots

Les valeurs à lots les plus répandues rapportent :

Obligations Foncières à lots	2 52
— de la ville de Paris	2 70
— de la ville de Lille	2 71
— de la ville de Marseille	2 85
— Communales	2 89

Les rentes sur l'Etat donnent les revenus suivants :

Le 5 p. %	4 34
Le 4 1/2 p. %	4 »
Le 3 p. %	3 66

Le revenu du 3 p. % amortissable est même inférieur, à cause de la prime de remboursement.

Ces chiffres présentent en moyenne :

Pour les rentes sur l'Etat, un revenu de.	4 »
Et pour les valeurs à lots, un revenu de.	2 70
Différence. . .	1 30

Les rentes sur l'Etat offrent cependant une garantie au moins égale aux obligations des villes, du Crédit Foncier et du Crédit Communal, et elles ont en outre certains priviléges dont ne jouissent pas les autres valeurs [1].

Obligations Foncières et Communales, avec ou sans Lots.

Les calculs qui rendent la comparaison plus frappante sont ceux qui ont lieu entre les valeurs d'une

---

[1] Les rentes sur l'Etat sont insaisissables, tant pour le capital que pour les arrérages. (Loi du 8 nivôse an VI, art. 4 et du 22 floréal an VII, art. 4.)

Les rentes sur l'Etat, quoique meubles, peuvent être immobilisées dans certains cas déterminés par la loi ;

Elles peuvent servir pour cautionnements, remplois, etc., etc. ;

Elles sont exemptes d'impôts et de droits de transfert et de mutation par décès ;

Elles sont exemptes des droits de donation entre vifs, excepté lorsque le donateur est propriétaire de la rente depuis moins d'un an.

même institution; or, les anciennes obligations du Crédit Foncier et du Crédit Communal donnent un revenu de 3 64

Les dernières émissions, au moyen des nombreux lots qu'elles offrent, ne présentent qu'un revenu de [1]. 2 52

Différence. . . 1 12

Aujourd'hui même, le Crédit Foncier est obligé d'offrir un intérêt plus élevé que celui des anciennes obligations; et le Crédit Communal annonce à grands renforts de réclames des obligations 4 %.

Obligations des grandes Lignes de Chemin de Fer, garanties par l'Etat.

Si nous établissons la comparaison entre les valeurs à lots et les obligations des grandes lignes de chemin de fer garanties par l'Etat : telles que l'Orléans, le Paris - Lyon - Méditerranée, l'Est, l'Ouest, etc., etc., nous trouvons les résultats suivants :

Les obligations de chemin de fer rapportent. 3 70
Les valeurs à lots 2 70

Différence. . . 1 »

Cette différence est moins sensible que celle qui résulte de la comparaison avec les rentes sur l'Etat;

---

[1] Les protestations auxquelles elles ont donné lieu, comme on le verra ci-après, ont modifié ce revenu.

mais l'inégalité s'explique par la certitude d'un remboursement avec prime, dans un délai plus ou moins long; et si l'on évalue, d'après les calculs statistiques ordinaires, la valeur de la chance aléatoire attachée à chaque obligation, on trouve que la différence avec les revenus des rentes sur l'Etat, quoiqu'apparente, n'existe réellement pas.

Quant à la nature et à la moralité de cette chance, nous en avons parlé plus haut et nous avons exprimé que les valeurs à primes fixes ne rentrent pas dans notre demande de proscription. Nous n'avons rien à ajouter : la prime est un droit acquis, certain, mais dont l'époque de réalisation est inconnue; c'est une combinaison morale à laquelle on peut avoir recours sans scrupule et qui permet de mener à bonne fin des entreprises utiles pour lesquelles des ressources financières sont indispensables.

Il résulte des calculs que nous avons présentés plus haut, que les valeurs à lots, aux taux qu'elles ont atteints depuis quelque temps, donnent un revenu bien inférieur aux revenus produits par les autres valeurs d'une égale sécurité.

Or, l'appât des lots, de même que les loteries et tombolas tentent surtout les classes qui doivent inspirer le plus d'intérêt, celles qui, n'ayant pas été favorisées par un patrimoine originaire, cherchent à améliorer le sort de leurs familles : c'est donc principalement sur cette classe qu'incombe une perte compromettant la progression de leur épargne ; les raisons qui ont fait proscrire les loteries et tombolas doivent s'opposer à l'envahissement des valeurs à lots.

Nous rappelons que nous faisons néanmoins une distinction entre les valeurs à lots et les loteries et tombolas.

L'argent aventuré dans les loteries est entièrement perdu ; celui placé en acquisitions de valeurs à lots, au contraire, constitue déjà un fond de réserve; car les valeurs à lots, même en mettant de côté la chance aléatoire, forment une épargne réelle, mais c'est une épargne mal employée.

Nous protestons contre ces valeurs, parce que le travailleur qui y a recours pour l'emploi de ses économies fait un acte de mauvaise gestion; il croit agir dans l'intérêt de sa famille et abandonne un revenu certain et accumulable pour une illusion qui tourne presque toujours en déception.

Les valeurs à lots ont encore un autre inconvénient qu'on doit faire disparaître ; elles font dans les négociations au comptant, aux rentes sur l'Etat et autres valeurs sérieuses, une concurrence injuste et préjudiciable, que démontrent suffisamment les chiffres indiqués plus haut.

En présence de l'immense quantité de valeurs à lots qui encombrent le marché, on aura à subir longtemps encore leur fâcheuse influence; elles ont été émises légalement, et, jusqu'au remboursement, aucune mesure rétroactive ne peut atteindre celles antérieurement émises, mais on peut et on doit supprimer les nouvelles émissions.

On ne saurait trop le répéter, les valeurs à lots sont de véritables loteries, et, comme les loteries, elles habituent à compter sur le hasard pour l'amélioration de sa position; elles font négliger le travail et mettre de côté les règles bien comprises de l'emploi des épargnes successives et de leur accroissement par l'accumulation d'intérêts suffisamment rémunérateurs.

Pour nous résumer, notre conclusion définitive est que quelles que soient les sollicitations des administrations, compagnies et établissements de crédit, aucune émission de valeurs à lots ne doit plus être autorisée.

Nos protestations contre les valeurs à lots étaient écrites, lorsque, dans la séance de la Chambre des Députés du 17 Février 1881, une interpellation de MM. Janvier de la Motte et Haentjens, relative aux agissements du Crédit Foncier, a appelé l'attention de la Chambre sur les valeurs à lots émises par cet établissement.

Nous extrayons du discours de M. Janvier de la Motte les passages suivants, qui viennent à l'appui de nos protestations personnelles, et sont la condamnation des valeurs à lots.

M. Janvier de la Motte commence par rappeler les paroles prononcées, le 12 Mars 1866, par M. Magnin, à l'occasion d'une émission de valeurs à lots demandée par le Crédit Foncier :

« Des souscriptions, a dit M. Magnin, ont été

» ouvertes sous le patronnage du gouvernement
» . . . .
» vous avez ouvert toute espèce de souscriptions,
» vous avez créé ce que la loi défend et défend
» dans un but moral : *des loteries;* vous les avez
» établies, non sur une petite échelle, mais sur une
» échelle immense ; vous avez attiré l'épargne et
» le capital dans ces opérations. »

Passant aux dernières opérations du Crédit Foncier et du Crédit Communal, M. Janvier de la Motte ajoute :

« Pour favoriser le Crédit Foncier en 1879, le
» gouvernement l'autorise à émettre, en six mois,
» pour 1,900 millions d'obligations à lots : 500 mil-
» lions en Août, 900 millions en Octobre et 500 mil-
» lions en Décembre.

» Ces obligations ont été pour le public un pla-
» cement tellement désavantageux, qu'en ajoutant à
» l'intérêt les chances de lots, elles ne rapportent
» pas 3 p. %; émises à 490 et 485 fr., soit en
» moyenne 487 fr. 50 cent.; si on déduit l'impôt,
» 1 fr. 45 cent. par titre, on arrive à ce résultat que
» chaque obligation rapporte 14 fr. 55 cent.; aussi
» ces obligations, quoique parfaitement gagées,
» n'ont cessé de se négocier à un taux inférieur au
» prix primitif; et de là pour les obligataires, qui
» sont pour la plupart des pauvres gens, des
» artisans, une perte de plus de 100 millions. »

Parmi les arguments avancés contre les autorisations d'émettre des valeurs à lots, trop facilement accordées au Crédit Foncier, il en est un qui n'a pas notre approbation :

« Si les valeurs à lots, a dit l'honorable Député
» de l'Eure, exercent sur les souscripteurs une telle
» fascination, je demande pourquoi un gouverne-
» ment qui a osé assumer la responsabilité de l'auto-
» risation donnée à une émission de deux milliards
» en six mois, ne s'appliquerait pas à faire profiter
» de ces avantages le Trésor, c'est-à-dire l'ensemble
» des contribuables, au lieu de réserver de tels
» bénéfices à quelques privilégiés. Je prie M. le
» Ministre de me dire si au lieu d'émettre son
» amortissable à 78, 79, 80, 81 ou 82, il émettait au
» profit du Trésor des valeurs à lots pour deux
» milliards, il ne résulterait pas de ce système tout
» nouveau en matière de finances de l'Etat, mais
» pratiqué par d'autres et autorisé par d'autres, un
» bénéfice de 3 à 400 millions ; c'est un chiffre qui
» vaut la peine. »

Cet argument est sérieux, et si on n'avait en vue que la question financière, que l'intérêt matériel du Trésor, le gouvernement ferait bien de faire profiter l'Etat, c'est-à-dire la fortune publique de l'exploitation des convoitises aléatoires.

Mais, quoique profitant au fisc, la Loterie Royale est supprimée, comme immorale; cette mesure a reçu l'approbation générale, et on ne peut que repousser celles qui auraient un caractère opposé.

Nous protestons donc contre l'argument signalé

par M. Janvier de la Motte, argument dont au surplus il renie la paternité et dont il ne conseille même pas l'application, mais qu'il indique seulement en ajoutant : « Je ne voudrais pas soutenir cette
» thèse ni préconiser un système que je n'approuve
» pas, puisque je le reproche aux autres. »

Nous partageons tout à fait l'opinion de M. Janvier de la Motte, et nous dirons avec lui : si on voulait favoriser les valeurs à lots, il serait préférable de le faire plutôt au profit de l'Etat qu'au profit d'établissements particuliers; mais avant tout, ces émissions sont immorales et doivent être repoussées dans tous les cas.

M. le Ministre des finances n'a pas essayé de défendre les dernières émissions de valeurs à lots; il leur a même infligé un blâme indirect, en disant que sous son ministère aucune émission de ce genre n'avait été autorisée.

Quoi qu'il en soit, deux ordres du jour avaient été proposés :

L'ordre du jour pur et simple;

Et un ordre du jour portant : « La Chambre,
» regrettant que les émissions de valeurs à lots
» aient amené des abus fâcheux et estimant que le
» gouvernement devait rester étranger à toutes les
» opérations du Crédit Foncier, passe à l'ordre du
» jour. »

L'ordre du jour pur et simple a été adopté.

Il eût été préférable de voir la Chambre adopter l'ordre du jour motivé; mais la question posée était complexe et ne s'appliquait pas seulement aux valeurs à lots; elle visait les divers agissements du Crédit Foncier, qui compte dans notre Parlement de nombreux intéressés, dont les actions profitent des émissions de valeurs à lots.

La question, en ce qui concerne ces valeurs, n'est donc point tranchée, et se représentera, il faut l'espérer, ultérieurement ; alors, il est probable que si un blâme spécial sur toutes les valeurs à lots est demandé, la Chambre le votera à une grande majorité.

En attendant cette mesure généralement désirée, les moralistes doivent continuer leur propagande contre toutes opérations aléatoires et ne pas se reposer sur des espérances, dont la réalisation peut se faire encore attendre.

Cette réalisation sera peut-être plus rapprochée qu'on ne pouvait l'espérer, en présence des désastres financiers qui viennent de frapper la Bourse. Ceux-ci donnent malheureusement raison à nos prévisions qui, avant ces désastres, auraient pu être considérées comme d'un pessimisme exagéré.

Depuis quelque temps, en effet, les syndicats financiers semblaient nous avoir fait rétrograder d'un siècle et demi, et on se demandait si nous étions revenus aux tripotages de la rue Quincampoix, en 1778, époque à laquelle le roi des chevaliers d'industrie, le trop célèbre aventurier Law obtenait le privilége d'une Banque nationale, à laquelle il avait joint la Compagnie du Mississipi, la propriété du Sénégal, la Compagnie des Indes, le commerce exclusif de la Chine, etc., etc.

A cette époque, avant que l'entreprise eut présenté les moindres résultats, on s'était jeté comme aujourd'hui sur les nouvelles émissions d'actions et on se les était disputées par tous les moyens possibles jusqu'au moment où le grand faiseur, obligé de chercher un refuge à l'étranger, avait laissé sans aucune valeur les actions de sa banque si en vogue pendant quelque temps.

Ce fut là un désastre qui atteignit toutes les fortunes et qui, malheureusement, n'a pas servi d'exemple.

Espérons que les désastres actuels ouvriront mieux les yeux des personnes qui seraient de nouveau tentées de se livrer à des spéculations compromettantes sur des valeurs ne reposant sur aucune base solide et qui font néanmoins prime, même avant la constitution définitive de la Société.

(Voir aux Documents complémentaires un Extrait textuel de la séance de la Chambre du 17 Février 1881.)

DOCUMENTS

COMPLÉMENTAIRES

Relevé de la Dette inscrite des États Européens pendant les cent dernières années, d'après une statistique publiée par Kolb et calculée en millions de francs.

	1785 à 1789.	1814 à 1818.	1845 à 1848.	1874.	1877.
France	4 mill⁰⁵ 500 mill.	1 mill⁰⁵ 680 mill.	3 — 300	18 mill⁰⁵ 126 mill.	18 mill⁰⁵ 722 mill.
Grande-Bretagne	4 — 800	16 — 890	15 — 690	15 — 690	15 — 842
Russie	» — 600	2 — 400	1 — 800	8 — 700	10 — 718
Autriche-Hongrie	» — 690	1 — 800	2 — 490	7 — 290	8 — 294
Italie	» — 210	» — 90C	1 — 200	7 — 830	7 — 906
Espagne	» — 600	2 — 250	3 — 600	7 — 200	7 — 850
Turquie	» — »	» — »	» — »	2 — 250	4 — 204
Prusse	» — 90	» — 480	» — 420	» — »	» — »
États Allemands	» — 150	» — 540	» — 480	3 — 150	3 — 644
Portugal	» — 60	» — 240	» — 480	» — »	» — »
Pays-Bas	1 — 500	2 — 700	2 — 400	2 — 160	2 — 580
Belgique	» — »	» — »	(1) » — 450	1 — 320	1 — 656
Grèce	» — »	» — »	» — »	» — 564	» — 836
Roumanie	» — »	» — »	» — 120	» — 242	» — 386
Suède	» — 48	» — 24	» — 30	» — 144	» — 182
Danemark	» — 46	» — 108	» — 330	» — 270	» — 176
Norwège	» — »	» — 46	» — 16	» — 40	» — 70
	10 mill⁰⁵ 294 mill.	30 mill⁰⁵ 058 mill.	32 mill⁰⁵ 806 mill.	75 mill⁰⁵ 266	83 mill⁰⁵ 756 mill.

(1) Autrefois les Pays-Bas comprenaient la Belgique et la Hollande, dans la Hollande, dans la dette se trouvait comprise celle de la Belgique. Depuis 1830, la dette de la Belgique figure à part.

TABLEAU

DES PRIX ET DES REVENUS

Des Principales Valeurs cotées
à la Bourse.

(Extrait du Journal des *Débats* du 2 Février 1881.)

Revenus actuels	VALEURS	COURS
1.83	Union Générale	745 »»
2.12	Foncier d'Autriche	775 »»
2.52	Obligations Foncières 3 0/0 . . .	540 »»
2.65	Obligations Ville de Paris 1855-1860.	516 »»
2 66	Obligations Ville de Lille 1860. . .	104 »»
2.69	Obligations Ville de Paris 1869 . .	409 »»
2.70	Obligations Ville de Lille 1863 . .	100 »»
2.73	Obligations Ville de Paris 1871 . .	398 »»
2.85	Obligations Ville de Marseille 1877 .	387 »»
2.86	Obligations Crédit Lyonnais . . .	905 »»
2.89	Obligations Communales 3 0/0 . .	475 »»
3.05	Obligations Ville de Bordeaux. . .	99 »»
3.09	Actions Banque de France. . . .	3.235 »»
3.19	Actions Eaux	1.740 »»
3.42	Obligations département de la Seine .	242 »»
3.50	Obligations Ville de Paris 1865 . .	533 »»
3.51	Obligations Ville de Paris 1875 . .	524 »»
3.54	Obligations Ville de Paris 1876 . .	522 »»
3.57	Obligations Ville d'Amiens. . . .	105 »»
3.59	Obligations Nord	386 25
3.62	Obligations Lyon-Méditerranée 3 0/0	385 »»

Revenus actuels	VALEURS	COURS
3.63	Obligations Orléans	383 25
3.64	Obligations Ouest	382 75
3.64	Obligations Foncier 4 0/0	509 »
3.65	Obligations Est 3 0/0	381 50
3.65	Obligations Midi fusion	383 50
3.66	Obligations Midi nouveau	383 50
3.66	Rentes Françaises 3 0/0	82 40
3.66	Obligations Victor-Emmanuel 1862	381 »
3.67	Obligations Lille à Béthune	380 »
3.67	Obligations Communales 4 0/0 1875	503 25
3.79	Obligations Eaux 3 0/0	375 »
3.83	Obligations Lyon-Méditerranée 5 0/0	610 »
3.84	Obligations Nord-Est	365 »
3.85	Obligations Est 5 0/0	598 75
3.88	Actions Canal Suez	363 75
3.92	Actions Crédit Foncier 250 fr.	1.117 50
3.92	Obligations Trésor Trentenaire	511 »
3.92	Obligations Trésor Trentenaire nouv.	510 »
3.93	Obligations Guillaume Luxemb. 3 0/0	385 »
3.99	Rente Française 4 1/2 0/0	114 75
4.02	Obligations Algériennes 4 0/0	145 »
4.04	Obligations Chemin Autrichien, ancienne 1re émission	377 »
4.12	Obligations Chemin Autrichien, 2me émission	370 »
4.16	Actions Société des Dépôts, 375 fr.	705 »
4.16	Actions Mobilier Espagnol	722 50
4.18	Obligations Guillaume Lombard 5 0/0	605 »
4.20	Obligations Chemin de fer Nouveau	363 »
4.23	Actions Nord	1.500 »
4.26	Actions Ouest	777 50
4.28	Rente Belge 4 1/2 0/0	184 75
4.30	Actions Midi	867 50

Revenus actuels	VALEURS	COURS
4.30	Actions Est	720 »»
4.31	Obligations Suez 5 0/0 à lots . . .	570 »»
4.34	Rentes Françaises 5 p. 0/0 . . .	116 25
4.37	Actions Jouissance du Nord . . .	1.095 »»
4.39	Actions Orléans	1.205 »»
4.43	Obligations Gaz Parisien 5 0/0.	525 »»
4.45	Obligations Omnibus 5 0/0. . .	523 50
4.45	Obligations Paris 5 0/0	525 »»
4.47	Actions Lyon	1.480 »»
4.48	Actions Comptoir d'Escompte. . .	898 76
4.49	Obligations Messageries 5 0/0. . .	523 »»
4.50	Obligations Communales 5 0/0 . .	310 50
4.51	Actions jouissance du Midi	316 25
4.51	Actions Transatlantiques	642 50
4.56	Obligations Saragosse	319 »»
4.58	Obligations Jouissance de l'Ouest .	370 »»
4.60	Obligations Algériennes 5 0/0. . .	520 »»
4.64	Obligations Nord de l'Espagne . .	328 »»
4.66	Bons de Coupons Suez, 80 fr . . .	86 50
4.68	Obligations du Gaz Central. . .	300 »»
4.68	Actions Gaz Parisien	1.212 50
4.69	Bons de Liquidation 1874-1875 . .	533 »»
4.70	Bons de Liquidation de la Ville . .	538 »»
4.76	Obligations Coloniales 600 fr. 5 0/0.	590 »»
4.76	Obligations Gaz Général de Paris 5 0/0	300 »»
4.78	Crédit Mobilier.	655 »»
4.79	Obligations Victor-Emmanuel 1863 .	276 35
4.80	Obligations Domaniales d'Autriche .	318 75
4.80	Actions des Entrepreneurs. . . .	288 75
4.83	Actions Messageries	680 »»
4.85	Actions Gaz de Marseille	680 »»
4.86	Actions de Jouissance Orléans . .	800 »»
5.05	Actions Chemins Autrichiens. . .	596 25

Revenus actuels	VALEURS	COURS
5.06	Délégations Canal de Suez. . . .	637 50
5.16	Obligations Russes 1867-1869. . .	392 50
5.19	Actions Banque de Paris	918 » »
5.23	Actions Magasins Généraux de Paris	512 50
5.25	Actions Saragosse.	325 » »
5.31	Obligations Lombards, nouveau. .	268 » »
5.32	Actions Centrales du Gaz	725 » »
5.33	Rente Italienne 5 0/0.	81 75
5.37	Obligations Lombardes anciennes .	262 » »
5.38	Obligations Russes 1877 5 0/0. . .	93 » »
5.41	Bons Trentenaires Suez, 125 fr. . .	140 » »
5 43	Rente Autrichienne 4 0/0. . . .	75 76

NOTA. — Ce travail, publié à titre de renseignements, n'est qu'un document très variable.

Il indique les cours et les revenus à l'époque où il a été dressé; mais ces cours et ces revenus subissent souvent de grandes modifications en raison des événements et des circonstances.

A la Bourse, souvent tout s'enchaîne et la hausse et la baisse se font sentir simultanément sur toutes les valeurs, mais quelquefois aussi les variations diffèrent; certaines valeurs montent lorsque d'autres faiblissent; quelquefois aussi, si la hausse ou la baisse se produisent d'une manière générale, elles ne se présentent pas dans les mêmes conditions pour toutes les valeurs.

La crise financière de Janvier 1882 en est la preuve la plus probante.

CRÉDIT FONCIER DE FRANCE

Extrait de la Séance de la Chambres des Députés du 17 Février 1881.

Au milieu des diverses questions d'un intérêt politique plus actuel qui sont constamment à l'ordre du jour, nos Chambres ne s'occupent pas souvent de questions d'économies sociales plus importantes, mais *qui peuvent attendre*.

Ce n'est donc pas dans les discussions de nos Parlements qu'on peut puiser, comme on serait tenté de le supposer, des renseignements pouvant servir à élucider ces questions; c'est fâcheux, parce que des documents émanant de haut lieu se présenteraient avec plus d'autorité que des appréciations particulières.

Toutefois, dans la séance du 17 Février 1881, une interpellation de MM. Janvier de la Motte et Haentjens, au sujet des opérations du *Crédit Foncier*, a donné lieu à une importante discussion sur la question des *Valeurs à lots*, à laquelle nous avons consacré un chapitre de cet ouvrage.

Dans ce chapitre, il a déjà été question de cette discussion, mais succintement.

Comme complément, nous reproduisons, avec quelques annotations, un extrait plus étendu du procès-verbal de cette séance.

Extrait de l'OFFICIEL.

L'ordre du jour appelant la discussion de l'interpellation de MM. Janvier de la Motte et Haentjens, relative au *Crédit Foncier*, M. Janvier de la Motte s'exprime ainsi :

Messieurs,

La pensée capitale qui, le 28 Février 1852, a présidé à la création des Sociétés du Crédit Foncier, et, quelques mois après, le 10 Décembre de la même année, à la constitution du Crédit Foncier de France, tel qu'il existe aujourd'hui, a été non de favoriser d'une manière privilégiée le développement d'une institution particulière, afin d'en faire profiter exclusivement les fondateurs, mais bien, et surtout de faciliter aux propriétaires, et plus tard aux communes et aux départements le moyen de se procurer, à un taux réduit, les ressources qui leur étaient nécessaires, aux uns à l'effet de payer et de conserver les immeubles acquis, d'être assurés de devenir et de rester propriétaires ; aux autres, à l'effet d'entreprendre et d'exécuter les grands travaux que nécessitaient les besoins d'amélioration et de progrès, l'activité du commerce, la marche de l'industrie et le développement de l'agriculture. [1]

---

[1] Un décret du 28 Février 1852 a autorisé la formation de *Sociétés de Crédit Foncier* ayant pour objet de fournir aux Propriétaires

Le but que poursuivaient courageusement les créateurs du Crédit Foncier, notamment MM. Pereire, d'Eichtal et Wolowski, était donc de venir en aide, d'une manière presque désintéressée, aux

---

d'immeubles la faculté d'emprunter et de se libérer au moyen d'annuités à longs termes.

En exécution de ce décret, par acte devant M⁰ Noël, Notaire à Paris, des 24 et 26 Juillet 1852, il a été établi, sous la dénomination de *Banque Foncière de Paris*, une Société dont le cercle des opérations comprenait les départements du ressort de la Cour d'appel de Paris. (Seine, Seine-et-Marne, Marne, Aube, Eure-et-Loire, Seine-et-Oise et Yonne.)

Depuis, par autre décret du 10 Décembre 1852, le privilége accordé à la Société pour ces départements a été étendu à tous les départements où il n'existait pas encore de Société de Crédit Foncier, avec faculté à cette Société de s'incorporer les autres Sociétés déjà existantes.

Cette nouvelle Société a été autorisée à prendre le titre de *Crédit Foncier de France*. Une subvention de dix millions de francs lui a été accordée et divers priviléges importants lui ont été concédés : « Le Crédit Foncier est admis
» à déposer ses fonds libres au Trésor ; les

populations agricoles, bien plus que de favoriser des spéculations dont le résultat était, du reste, si incertain, que la création du Crédit Foncier nécessitait l'institution d'une législation spéciale, et que l'Etat qui ne pouvait pas, comme en Russie, se

» fonds des incapables et des communes peu-
» vent être employés en achat de ses lettres de
» gage; il en est de même des capitaux dispo-
» nibles appartenant aux Etablissements pu-
» blics ou d'utilité publique; les inscriptions
» hypothécaires sont dispensées, pendant toute
» la durée du prêt, du renouvellement décen-
» nal prescrit par l'art. 2154 du Code civil,
» etc., etc.

» Son Directeur a le titre de Gouverneur,
» comme le Gouverneur de la Banque de
» France. »

Mais, comme condition de ces priviléges et avantages, le Crédit Foncier est obligé de se restreindre dans ses attributions spéciales, et il lui est interdit de faire d'autres opérations que celles permises par les décrets qui l'instituent.

Malheureusement, on a presque toujours oublié cette interdiction; on n'a pas tenu la main à son exécution; l'intérêt général a cédé le pas aux intérêts des actionnaires, et les principaux bénéfices du Crédit Foncier ont été réalisés en dehors de ses attributions. A. G.

mettre à la tête de l'établissement en se faisant lui-même banquier, accordait une subvention de 10 millions pour parer aux pertes que pouvait subir à son début — on avait lieu de le craindre — la nouvelle et patriotique institution (1)

Ainsi, en 1852, tout en recherchant l'intérêt rationnel et raisonnable de leur argent, les fondateurs du Crédit Foncier et les acquéreurs d'actions avaient surtout en perspective les services à rendre

---

(1) La France n'a pas eu l'initiative des sociétés de Crédit Foncier; les premiers essais eurent lieu en 1772 dans la Silésie, restée à Frédéric le Grand par le traité de Hubersgoney; bientôt, ils furent suivis dans les Etats voisins; la Russie y eut recours après la guerre avec la France, et l'empereur Alexandre rendit en 1818 un ukase autorisant une banque de crédit-système, dont il fit lui-même les premiers fonds; on en rencontre établies dans un grand nombre de pays; pour l'établissement des unes, on a eu principalement en vue l'intérêt des emprunteurs; d'autres ont été fondées dans l'intérêt des prêteurs; toutes ces banques ont quelque analogie avec le Crédit Foncier de France, mais toutes en diffèrent sur certains points. A. G.

(Voir ci-après la communication faite à l'Académie de Reims, par M. Goda en 1853).

à la propriété, tandis qu'aujourd'hui, messieurs, on ne semble viser qu'à l'agiotage et à la spéculation. (Très bien ! très-bien ! à droite.)

Messieurs, ce n'est pas la première fois qu'un pareil grief est invoqué contre le Crédit Foncier. Il y a quinze ans, dans cette enceinte, on lui reprochait déjà de sortir des principes de son origine et d'entrer dans une voie que l'on considérait comme fatale à la prospérité et à la moralité des populations.

Il me faut, à cet égard, vous citer de nouveau un très court passage d'un discours qui était prononcé par M. Magnin, aujourd'hui ministre des finances. Il me permettra de faire un peu d'histoire.

M. Magnin s'exprimait ainsi, le 12 Mars 1866 :

« Des souscriptions ont été ouvertes sous le patronage du Gouvernement. . . . .

. . . .

» Vous avez, Messieurs, ouvert toute espèce de souscriptions ; vous avez créé ce que la loi défendait, et défendait justement dans un but moral : des loteries. Vous les avez rétablies, non sur une petite échelle, mais sur une échelle immense.

. . . .

» Vous avez attiré l'épargne et le capital dans toutes ces opérations.

» Le Gouvernement a autorisé le Crédit Foncier

à aller chercher dans nos départements l'argent qui lui était nécessaire pour l'appliquer aux constructions urbaines.

» Le Crédit Foncier a chargé du soin de recevoir l'argent les receveurs généraux, lesquels, à grand renfort de réclames, demandent partout des souscriptions aux obligations du Crédit Foncier. Et, en présence de ce fait, ne suis-je pas en droit de répéter ce qu'on disait l'autre jour, que le Crédit Foncier a « drainé » — je me sers du mot parce que je le trouve juste — a drainé dans les provinces l'argent nécessaire aux prêts qu'il a faits à Paris pour créditer des constructions et des embellissements. » [1]

---

[1] Ce ne sont pas seulement les agents de l'Administration des Finances qui ont été intéressés au placement des lettres de gage ; ce qui les a surtout popularisées dans les campagnes, c'est l'intervention des notaires auxquels il a a été attribué une Commission pour le placement de ces valeurs, Commission perçue sans grand travail et sans responsabilité ; aussi, beaucoup conseillèrent ces placements de préférence à tous autres emplois, et les prêteurs les acceptèrent aisément, en raison surtout de la régularité dans le paiement des intérêts et de la facilité de réalisation.

Une partie des notaires de campagne regret-

Voilà les paroles de 1866. Or, le 29 Juin dernier, M. Magnin tenait à cette même tribune un langage absolument contraire. Le Crédit Foncier, pernicieux selon lui en 1866, était, en 1880, une institution parfaite.

Et cependant, je demanderai à M. le Ministre des finances si les souscriptions ont cessé d'être ouvertes sous le patronage du Gouvernement; si on a aboli ces immorales loteries si sévèrement condamnées par lui; si on a interdit aux receveurs généraux et autres agents du Gouvernement de placer les obli-

---

tent probablement aujourd'hui cette intervention ; en effet, le *drainage* d'espèces qui en est résulté est en partie cause de la dépréciation des biens ruraux et en rend la vente plus difficile ; car l'épargne des cultivateurs, qui se portait presque exclusivement autrefois sur la propriété rurale, a pris aujourd'hui une autre direction préjudiciable à l'agriculture.

Qu'on compare le chiffre de l'argent retiré des campagnes et converti en lettres de gage, avec le montant des prêts faits à l'agriculture, et l'on verra que l'établissement du Crédit Foncier de France a eu jusqu'ici un résultat tout à fait contraire à celui qu'on s'était proposé, et que ses opérations, loin d'avoir procuré des fonds pour les améliorations agricoles, en ont, au contraire, détourné beaucoup. A. G.

gations au Crédit Foncier; si Paris absorbe moins pour ses embellissements et ses constructions urbaines l'argent que les agents du Gouvernement vont encore drainer dans nos campagnes. (Très bien ! très bien ! à droite.)

Malheureusement, messieurs, les agissements sont aujourd'hui les mêmes; seulement, ils ont pris une inquiétante et inexcusable proportion; ce n'est plus par moyenne annuelle de 25 ou 30 millions que les émissions sont autorisées, c'est par milliards ; ce n'est plus 7 ou 800,000 francs d'obligations qui sont offerts chaque année en appât aux souscripteurs ; la somme a décuplé, c'est 7 ou 8 millions.

M. Magnin avait bien raison lorsqu'en 1866, il s'élevait contre les loteries ; il trouvait alors une adhésion à ses doctrines, non-seulement sur les bancs de la gauche, mais aussi sur les bancs de la droite, et il me serait facile de citer tels de nos collègues qui en étaient, MM. Eschassériaux, Haentjens, Des Rotours, De Mackau, etc. Sont-ils les seuls qui aient persisté dans leur opinion, qui soient restés fidèles à leur manière de voir ? Car, que M. Magnin me permette de le dire, le ministre des finances de 1881 parle et agit tout autrement que le député en 1866. (Très bien ! très bien ! à droite.)

Oui, la loi défend les loteries, et je suis d'accord à cet égard avec le député de Dijon; je pense, comme lui, qu'il est bon de rappeler une loi, lorsqu'elle est surtout, comme celle de 1836, une loi de haute moralité. Cette loi défend toute espèce de loterie, et les motifs à l'appui indiquent de la manière la plus formelle que les émissions de valeurs à lots étaient comprises dans cette interdiction ; il n'y avait d'exception que pour les œuvres de bienfaisance et pour les encouragements aux œuvres d'art. (C'est vrai ! à droite.) Toutefois, il faut le reconnaître, la loi a été maintes fois éludée et même violée. N'avons-nous pas vu dernièrement le Gouvernement autoriser une loterie qui avait un but de charité, qui faisait le plus grand honneur à ceux qui en avaient pris l'initiative, dont les lots étaient bien des objets d'art, ce qui était légal ; mais ces objets d'art pouvaient être échangés contre des sommes d'argent, contre des titres de rente, contre des immeubles, des châteaux en Espagne, ce qui était illégal ? N'avons-nous pas vu également le Gouvernement s'autoriser pour lui-même cette fameuse, cette légendaire loterie de l'Exposition, dont les comptes sont encore à rendre, comme les comptes de l'Exposition elle-même. (Applaudissements sur plusieurs bancs à droite.) [1]

Et ce n'est pas seulement de ce côté de la Cham-

---

[1] Nous avons signalé au chapitre des loteries et tombolas une des dernières grandes loteries autorisées, qui avait compris parmi ses lots, contrairement à la lettre et à l'esprit de la loi, un immeuble à Paris, sans s'être rendu compte de l'irrégularité de ce lot et sans avoir même cherché à la dissimuler. A. G.

bre (la droite) que des interpellations ont été adressées au Gouvernement sur les loteries. Ceux d'entre vous, Messieurs, qui suivent depuis un certain temps les débats parlementaires doivent avoir souvenance de l'interpellation sur la Loterie du Lingot d'or, développée à cette tribune par notre honorable collègue M. Pascal Duprat. Mieux que personne M. de Girardin doit se rappeler cette séance, car la Chambre lui fit ce jour-là l'honneur d'une expulsion enviable pour tous ceux qui se trouveraient dans le même cas. Ceux qui ont assisté à cette séance du 21 Décembre 1850 se souviennent et ils doivent se souvenir avec quelle ardeur l'Assemblée s'insurgeait alors contre les procédés que je viens dénoncer aujourd'hui. Je ne sais si la Chambre de 1881, qui se prétend républicaine, pensera comme la Chambre monarchique de 1850...

Un membre au centre. Pouvez-vous avoir un doute à ce sujet ?

M. Janvier de la Motte (Eure). Mon Dieu ! on peut douter de tout !... (Marques d'approbation et rires à droite) et sans qu'il soit besoin, comme le jour de la discussion de l'interpellation de M. Pascal Duprat, de vingt-sept ordres du jour, j'espère qu'on invitera le Gouvernement à rentrer dans la stricte exécution de la loi et à ne plus permettre, sous sa seule autorité, ces grandes loteries et les émissions de valeurs à lots prohibées par la loi. (Très bien ! à droite.)

En 1852, lors de la création du Crédit Foncier, il fallait venir, d'une manière urgente, au secours de la propriété foncière qui ne supportait pas moins de 800 millions de charges, 240 millions d'impôts, et 560 millions d'intérêts hypothécaires, qui, par contre, ne pouvait trouver de capitaux à un taux inférieur à 7 p. % et qui supportait une dette hypothécaire qui ne s'élevait pas à moins de 12 à 15 millions. Il fallait répondre à l'ardeur du pays qui demandait ces grands travaux destinés à décupler sa richesse ; il fallait l'aider, ce pays, à réaliser ce qui a fait sa prospérité et sa grandeur. Eh bien ! cependant, Messieurs, les entreprises les plus grandioses, les plus à l'honneur du pays rencontrèrent alors à cette tribune l'opposition la plus véhémente, la plus passionnée et la plus éloquente, de votre part même, Monsieur le ministre : c'est que pour les réaliser, pour mener à bonne fin, une des premières notamment parmi les plus grandes, le percement de l'isthme de Suez, il a fallu recourir aux valeurs à lots.

Et qui pourrait critiquer aujourd'hui cette gigantesque entreprise, due à l'initiative glorieuse d'un Français, qui est d'une si grande espérance pour la prospérité du pays ?

Ce n'était pas 2 milliards, comme en 1880, qu'on demandait alors, c'était le vingtième de cette somme ; et cependant, le Gouvernement n'osait pas l'autoriser par simple décret ; il avait recours à l'autorisation du Corps législatif.

Vous devez avoir tous souvenir, Messieurs, de quelles attaques ce projet de loi fut l'objet de la part des orateurs dont le parti républicain s'est toujours le plus enorgueili. Je pourrais citer MM. Ernest Picard, Jules Simon, Marie et Jules Favre.

Ce qu'ils combattaient, ce n'était pas le percement de l'isthme de Suez—je ne veux jamais attaquer le patriotisme de personne—ce qu'ils condamnaient, c'étaient les valeurs à lots; ce qu'ils condamnaient, c'étaient ces procédés que la morale réprouve, « que la prudence déconseille, ceux qui sont la ressource des débiteurs aux abois et des gens tarés... »

A droite. Très bien ! très bien !

M. Janvier de la Motte (Eure). « ... On a recours à des manœuvres aléatoires, au jeu, à cet appât menteur qui corrompt les consciences par la perspective d'un gain auquel le travail n'a nulle part, et c'est par là que l'on pourrait continuer les spéculations véreuses, et cet appât corrupteur a été présenté sous la protection du Gouvernement pour surprendre les épargnes du pauvre. »

A droite. Très bien ! très bien !

M. Janvier de la Motte (Eure). Messieurs, je ne m'étonne pas du silence de la gauche, car ces paroles, prononcées le 25 Juillet 1868 par un de ses plus grands orateurs, M. Jules Favre, trouvaient leur appui dans les applaudissements et dans les votes de M. Magnin. (Rires approbatifs à droite.)

Je pourrais, Messieurs, vous faire bien d'autres citations encore, mais je ne veux pas allonger cette discussion. Elle servira, je l'espère, suffisamment aux esprits crédules pour ne pas se laisser entraîner vers des promesses qui ne sont jamais réalisées, vers des rêves qui ne sont jamais que des utopies. (Assentiment à droite.)

Aussi dans les dernières années de l'empire, pas une seule émission du fait exclusif de l'administration, du fait du pouvoir exécutif. Cette abstention dure jusqu'en 1877.

En 1877, le Crédit Foncier est autorisé à émettre 250 millions de nouvelles valeurs à lots. Vous savez les attaques, les critiques dont a été l'objet cette mesure financière. Un journal, qui occupe dans la presse et à juste titre un des premiers rangs, qui est placé sous une direction et une inspiration connues de tout le monde, la *République française*, dans son numéro du 29 Juillet, s'exprimait ainsi : « Nous maintenons que le privilége du Crédit Foncier étant expiré, le ministre des finances, en donnant à cet établissement l'autorisation d'émettre des obligations avec lots, a excédé ses pouvoirs, les Chambres n'ayant pas voté de loi spéciale à cet égard, et nous soutenons que l'émission est illégale. » (Très bien ! à droite.)

Aussi, lorsqu'après le 16 Mai, on vit le parti républicain arriver aux affaires, personne ne doutait que c'en était fait des valeurs à lots, si condamnées et si critiquées par les hommes qui sont aujourd'hui au pouvoir. Mais, nouvelle inconséquence et nouvelle contradiction: dix-huit mois ne s'écoulent pas que, au moment même où le Crédit Foncier semblait entrer en lutte d'intérêts privés avec un établissement que je n'ai pas besoin de nommer, [1] le Gouvernement, pour favoriser le Crédit Foncier, ce qui lui semblait bien naturel puisque celui-ci est placé sous son patronage, l'autorisait à émettre en six mois, lui qui avait crié contre les émissions de 25 à 30 millions, lui qui avait crié contre l'émission de 250 millions, l'autorisait, dis-je, à émettre en six mois 1,900 millions : 500 millions en Août, 900 millions en Octobre et 500 millions en Décembre.

Un membre à droite. Une misère !

M. JANVIER DE LA MOTTE (Eure). Ainsi on avait contesté la légalité de la modeste émission de 1877. Le privilége du Crédit Foncier est expiré, disait-on. Pour une pareille opération, il faut une loi, ajoutait-on.

Je ne soutiens pas une thèse contraire, je suis du

---

[1] La Banque Hypothécaire de France.
Cette institution fait une sérieuse concurrence au Crédit Foncier, qui n'a atteint 87 millions de prêts annuels qu'en 1861, neuf ans après sa fondation, tandis que, la première année, la Banque Hypothécaire a dépassé ce chiffre et qu'elle a atteint aujourd'hui plus de cent millions de prêts réalisés; cette Banque cependant ne jouit pas des priviléges accordés au Crédit Foncier. A. G.

même avis; mais pourquoi en dix-huit mois faire le contraire? Ce qui était illégal en 1877 l'était à plus forte raison en 1879, puisque le privilége serait expiré depuis deux ans et plus! Ceci me semble logique.

Mais en tout cas ces obligations ont été pour le public un placement tellement désavantageux que ces obligations, en ajoutant à l'intérêt des chances de lots, ne rapportent pas 3 p. %. Emises à 490 et 485 soit en moyenne à 487 fr. 50, si on déduit l'impôt de 1 fr. 45 par titre, on arrive à ce résultat que chaque obligation rapporte 14 fr. 55. Aussi ces obligations quoique parfaitement gagées, parfaitement hypothéquées, si je puis en croire les renseignements qui ont été donnés, n'ont cessé de se négocier à un taux inférieur au taux primitif de leur émission, et de là pour les Obligataires qui sont pour la plupart de pauvres gens, des artisans, une perte de plus de cent millions. (M. Christophle fait un signe de dénégation.)

Mon Dieu! M. le Gouverneur du Crédit Foncier me fait un signe de protestation. Eh bien! voyons, voici mon calcul. Les obligations ont été émises à 490 et 485; elles sont descendues aujourd'hui à 460, 461, 462, perdant ainsi de 25 à 30 fr., ce qui, sur 2,800,000 titres, fait, je crois, de 90 à 100 millions de perte pour les obligataires, et c'est la petite épargne, entre les mains de laquelle se trouvent ces obligations, qui supporte cette perte de 100 millions. Pourquoi? C'est que ces malheureux, alléchés par les annonces séduisantes répandues à profusion, propagées par la presse, patronnées par le gouvernement, c'est que ces malheureux, espérant toujours gagner le gros lot, avaient souscrit plus qu'ils ne devaient, et n'ont pu, au moment de l'échéance, payer les termes échus, de sorte qu'ils ont été obligés de vendre leurs obligations à perte, par suite de l'abondance des titres sur le marché. La liquidation a été si difficile que le Crédit Foncier s'est imaginé de prêter à son tour à ses prêteurs pour leur permettre de se libérer envers lui. Mais — il y a un mais — il leur prête à 3 50 p. %, quand il avait emprunté à 3 % seulement, nouvel avantage pour lui.

Ces obligations, déjà condamnées par le public, c'est le Crédit Foncier, c'est son administration qui leur a donné le dernier coup. Le Crédit Foncier a si bien senti que les intérêts privés, mis en défiance par les précédents, ne se laisseraient plus surprendre de nouveau, et que le public, pour me servir d'une expression familière, s'était fûté contre des promesses qui ne se sont jamais réalisées, qu'il a renoncé aux émissions de valeurs à lots, n'osant plus même demander d'autorisation à cet égard. Mais comme il a besoin d'argent, il a cherché à en trouver dans l'émission d'obligations à 4 p. %, dont il confie le placement aux bons soins rémunérés de MM. les receveurs généraux, si j'en crois du moins la circulaire de M. le Gouverneur du Crédit Foncier qu'on lisait dernièrement dans tous les journaux de Paris et des départements.

Et à quels moyens a-t-on recours? Toujours à la réclame. A propos de cette réclame, je demande, surtout en présence de la situation actuelle, ce que doit penser M. le Ministre des Finances, quand le député de 1866 s'élevait avec tant d'indignation contre « le renfort de réclames. » — c'est l'expression dont il se servait — qu'il reprochait au Crédit Foncier impérial ? N'avons-nous pas tous lu et relu, ne lisons-nous pas tous les jours dans les journaux de toutes nuances des annonces séduisantes, des articles promettant en quelque sorte la fortune aux plus pauvres ? Nous n'avons rien à reprocher à ces journaux, ce sont des agents de publicité ; ils insèrent ce que le Crédit Foncier les charge de publier moyennant une juste rémunération, de telle sorte que le renfort de réclames ne peut être imputé qu'au Crédit Foncier : c'est son administration qui seule mériterait les foudres de M. le Ministre des finances, ou plutôt du député de 1866.

Et l'on ne pourra pas contester la véracité des assertions que j'apporte à cette tribune ; j'ai là le libellé même des marchés qui étaient passés pour le Crédit Foncier, et une correspondance qui établit de la manière la plus probante l'intervention du Crédit Foncier et le payement des marchés qui étaient faits par des personnes que je ne veux pas nommer à la tribune ; je vous l'ai dit en commençant, je ne veux pas faire de personnalités.

Je ne fais que paraphraser quelques paroles que prononçait, en 1866, M. Magnin. Il se plaignait à ce moment de l'intervention du gouvernement pour le drainage des capitaux par les receveurs généraux. Eh bien ! et aujourd'hui ? Aujourd'hui, ce sont toujours les receveurs généraux, les receveurs particuliers, les percepteurs et tous leurs agents qui sont chargés du placement des obligations du Crédit Foncier ; ils reçoivent une commission, ou sont admis — les plus protégés — dans un Syndicat dont je n'ai jamais pu m'expliquer l'institution. Et à quel taux placent-ils ces titres ? A 485 fr., aux mêmes conditions qu'aux guichets mêmes du Crédit Foncier; c'était du moins le taux au moment où nous avons déposé notre interpellation, au mois de Juin dernier, quand déjà à la Bourse les obligations étaient descendues à 470 ou 475 fr. Murmures à droite. [1]

---

[1] L'intervention des agents du Gouvernement dans les opérations du Crédit Foncier n'est pas seulement critiquable, en ce qu'elle facilite le *drainage* des capitaux de la campagne et les détourne d'un emploi plus favorable à l'agriculture; elle peut en outre donner lieu à une autre protestation d'un intérêt général.

Le surcroît de travail occasionné par l'encaissement des annuités, le paiement des intérêts, les souscriptions aux emprunts, etc., etc., occasionne souvent dans les bureaux de ces agents des lenteurs et un encombrement tels que les affaires qui devraient rentrer seules dans leurs attributions spéciales, en souffrent chaque jour au détriment des contribuables,

Des instructions, paraît-il, auraient été envoyées aux receveurs généraux, pour leur annoncer qu'ils ne placeraient plus ces obligations à 485. La raison en est bien simple : personne n'en prend plus à ce taux. Mais le fait n'en a pas moins existé, et nous voyons encore dans des journaux qui ne remontent pas à plus de deux mois, le Crédit Foncier annoncer

---

auxquels ces retards occasionnent des lenteurs et des déplacements.

Entrez chez la plupart des receveurs, et vous verrez les guichets, qui ne devraient servir que pour les recettes et dépenses de l'Etat, occupés en grande partie pour les affaires du Crédit Foncier; d'où il résulte que celui qui a à payer ou recevoir des sommes concernant l'Etat se voit obligé à une longue attente et même quelquefois à un ajournement qui occasionne un déplacement ultérieur.

Que, dans l'origine, le gouvernement, dans le but de favoriser et populariser les affaires du Crédit Foncier, lui ait prêté ses agents, on se l'explique en partie; mais aujourd'hui, en présence des résultats constatés de l'entreprise, dont les actions ont atteint le chiffre que chacun connaît, en présence des bénéfices réalisés, il serait équitable que tous les frais qu'exige le fonctionnement complet et régulier des opéra-

que les obligations seraient délivrées chez les receveurs généraux et à ses guichets au prix de 485 fr. Si aujourd'hui, les populations ne s'en laissent plus glisser à ce taux, c'est qu'elles ont été averties. (Approbation à droite.)

Je parlais, tout à l'heure, des receveurs généraux et des communications qu'ils avaient reçues relativement au Crédit Foncier. On leur a envoyé dernièrement de nouvelles instructions; on a recom-

---

tions du Crédit Foncier fussent entièrement supportés par lui et que le gouvernement n'eut point, dans les circonstances actuelles, à lui tendre une main secourable.

La Banque et les autres établissements de crédit ont des succursales dont le personnel et les autres frais sont entièrement à leur charge, pourquoi n'en serait-il pas de même pour le Crédit Foncier?

Les receveurs et percepteurs se prêtent volontiers, il est vrai, à ce surcroît de travail parce qu'il est pour eux une source importante de produits; mais l'intérêt général doit passer avant les intérêts de fonctionnaires qui, sans avoir besoin d'une aptitude exceptionnelle, sont déjà relativement mieux rétribués que ceux d'autres administrations pour lesquelles des études plus sérieuses sont indispensables. A. G.

mandé à leur activité et à leur dévouement le placement de bons du Trésor dont parlait M. le Ministre des finances, l'autre jour, avec M. Haentjens. Pourquoi ? C'est qu'on a besoin d'argent ; ou bien c'est une précaution électorale : on ne voudrait pas faire savoir au public que pour réaliser vos projets, pour payer vos travaux, entrepris ou à entreprendre, équilibrer votre budget, et enfin réduire la dette flottante, qui, de 700 millions sous l'empire, est passée aujourd'hui à plus de 2 millards et demi, vous êtes obligés de recourir à l'emprunt, mesure à laquelle une administration sage et prévoyante ne doit, ce me semble, avoir recours que dans des cas exceptionnels, que rien ne fait prévoir actuellement, en présence surtout des déclarations si pacifiques qui étaient faites l'autre jour à cette tribune, à moins que, tout en étant sincères dans la bouche de M. Barthélemy Saint-Hilaire, elles n'aient, d'un autre côté, aucune espèce de fondement. (Interruptions.)

Messieurs, les événements répondront. Je ne fais pas de réflexions, je cite des faits ; je désire ardemment me tromper. Je ne fais pas de l'opposition uniquement pour faire de l'opposition... (Rires ironiques à gauche.)

Messieurs, je vous en prie, ne reprochez à personne de faire de l'opposition ; vous en avez tant fait autrefois que vous pouvez me pardonner d'en faire un peu aujourd'hui. (On rit.)

Si les valeurs à lots exercent sur les souscripteurs

une telle fascination, je demande pourquoi un gouvernement qui a osé assumer la responsabilité de l'autorisation donnée à une émission de deux milliards en six mois, ne s'appliquerait pas à faire profiter de ces avantages le Trésor, c'est-à-dire l'ensemble des contribuables, au lieu de réserver de tels bénéfices à quelques privilégiés. Je prie M. le Ministre de me dire si, au lieu d'émettre son amortissable à 78, 79, 80, 81 ou 82, il émettait, au profit du Trésor, des valeurs à lots pour deux milliards, il ne résulterait pas de ce système tout nouveau en matière de finances d'Etat, mais pratiqué par d'autres et autorisé pour d'autres, un bénéfice de 3 ou 400 millions. En effet, le placement du 3 p. % vous coûte environ 3 fr. 80 ; avec des valeurs à lots, M. le Ministre des finances aurait encore bien plus de facilité que le Crédit Foncier pour trouver de l'argent à 3 p. %, et comme les rentes d'Etat ne paient aucune espèce d'impôts, il en résulterait une économie de 80 centimes p. %, soit, pour 2 milliards, 3 ou 400 millions.

C'est un chiffre qui en vaut la peine. Eh bien ! ce que les contribuables gagneraient ou plutôt ne paieraient pas, on le réserve à un établissement qui invoque tous les jours son caractère privé pour se soustraire, semble-t-il, aux conséquences du caractère d'établissement d'Etat.

Je vois, relativement à ce système, s'élever de ce côté de la Chambre (la gauche) des objections. Il n'y a là pourtant, Messieurs, rien de nouveau. M. Lanjuinais, un de vos orateurs, disait en 1868 :

« Si le système est bon, s'il a tout le mérite qu'on lui suppose, pourquoi les emprunts d'Etat ne se feraient-ils pas avec lots et primes ? »

Et tout récemment encore, ce même journal que je citais tout à l'heure, la *République Française*, disait le 2 Août 1877, en parlant des valeurs à lots : « Si l'opération avait été faite par l'Etat au lieu du Crédit Foncier, il en résulterait un bénéfice annuel considérable pour le Trésor. »

Vous voyez que si je voulais soutenir cette thèse, je me trouverais en assez bonne compagnie; mais en vérité, je ne voudrais pas préconiser un système que je n'approuve pas, puisque je le reproche aux autres. (Très bien ! très bien ! à droite.)

En politique, le meilleur moyen pour être cru et écouté et pour se consolider, c'est de n'être jamais inconséquent. (Rires ironiques à gauche.)

Oh ! permettez, je ne suis pas un évolutionniste, et vous ne me verrez jamais changer : tel j'ai été, tel vous m'avez toujours connu, tel je resterai... (Exclamations et nouveaux rires à gauche) et croyez que si je changeais...

Un membre à gauche. Vous auriez tort de changer !

M. Janvier de la Motte (Eure). ...et croyez que si je changeais, je croirais perdre jusqu'aux sentiments d'estime et d'affection que je suis parvenu à me concilier même chez quelques-uns de mes adversaires. (Rumeurs à gauche. — Très bien ! à droite.)

Messieurs, pendant que les obligations, qui sont, avec l'espérance, la fortune des petits, subissaient une baisse si préjudiciable à des intérêts dignes de notre sollicitude, les actions, qui sont l'apanage des plus heureux, suivaient une marche ascendante : elles sont aujourd'hui à plus de 1,600 fr., et le chiffre actuel serait encore dépassé si les acheteurs d'actions avaient su qu'ils pouvaient se partager encore les millions qui ont été employés à ce renfort de réclames dont je parlais tout à l'heure, et s'ils avaient pu se partager les millions qui ont été attribués à un syndicat qui n'a d'autre raison d'être que les avantages qu'il a procurés à ceux qui en faisaient partie, lesquels, sans risquer un seul centime, n'avaient d'autre travail que de recevoir des obligations qui leur étaient données à 7 fr. 50 et 10 fr. au-dessous du cours d'émission. (Très bien ! à droite.)

Comment ! Voilà un établissement d'Etat armé, pour la défense de ses intérêts, d'une législation exceptionnelle et exorbitante ; voilà un établissement donnant pour gage des valeurs immobilières deux, cinq, dix fois supérieures aux capitaux prêtés, des engagements des communes et des départements, débattus entre les parties contractantes, examinés par les administrations départementales, autorisés par décisions ministérielles, sanctionnés par des dispositions législatives ; voilà un établissement qui invoque et peut invoquer officiellement le patronage de l'Etat, et qui, pour assurer la sécurité de ses émissions, croit avoir besoin de recourir à une association de banquiers, à un syndicat ! (1)

---

(1) Le syndicat est en ce moment un des rouages les plus importants et cependant un des moins connus de la Bourse. Il consiste en une convention qui a lieu entre plusieurs notabilités financières, dans le but de soutenir certaines valeurs, de manière à permettre d'écouler celles dont on est en possession et qui ont été acquises à des conditions moins onéreuses; l'écoulement réalisé, les membres du syndicat encaissent leurs bénéfices et passent à un autre exercice, c'est-à-dire opèrent sur d'autres valeurs ; comme il n'y a pas de gagnants sans perdants, les personnes qui n'étaient pas dans le secret restent en possession de valeurs dépréciées et se trouvent payer les gains réalisés par les membres des syndicats.

Rigoureusement, ces opérations n'ont rien d'illégal; c'est un jeu auquel se livre fréquemment l'aristocratie financière, aidée quelquefois par des influences qui devraient se tenir en dehors de tout tripotage; aucune disposition pénale ne peut les atteindre.

On peut citer un grand nombre de valeurs, notamment les Lombardes, les Ottomanes, aux-

Est-ce que les compagnies de chemins de fer qui ont eu, elles aussi, des émissions de milliards à faire, ont jamais recouru à un pareil procédé? Est-ce que les compagnies de chemins de fer font chauffer — passez-moi l'expression — les valeurs, pour placer à 490 fr. des obligations qui, pour tous les gens

---

quelles elles ont procuré une quasi résurrection éphémère.

Au moyen des syndicats, on galvanise des valeurs depuis longtemps improductives; on leur rend une apparence de vie et on vend avec bénéfice celles achetées avant l'impulsion donnée par les syndicats.

Autrefois, lorsqu'une entreprise se produisait et était proposée par actions, chaque souscripteur recevait ses actions pour leur prix originaire d'émission, quelles que fussent les chances de succès ou d'insuccès.

Aujourd'hui, pour n'importe quelle affaire, on trouve un syndicat qui souscrit les valeurs avant l'émission, et le capitaliste, pour devenir actionnaire, est obligé de payer une prime aux faiseurs qui ont lancé l'affaire.

Les syndicats ne se bornent pas à soutenir des valeurs sérieuses et à en galvaniser d'autres presque abandonnées, pour leur donner une apparence de vie; ils se font même les soute-

connaissant bien les affaires, n'auraient dû être émises qu'au taux auquel les ont rapidement ramenées la perspicacité des intérêts privés? Véritablement, pour tous ceux qui réfléchissent, ces agissements donnent lieu à de réels soupçons.

---

neurs de celles non encore nées dont ils se constituent presque, qu'on me passe l'expression, les *curateurs au ventre*.

On ne peut trop appeler l'attention des rentiers et capitalistes sur ces expédients : opérer sur des valeurs soutenues par les syndicats n'est permis qu'aux personnes au courant de la *coulisse* et qui en connaissent tous les *trucs*; les autres ne peuvent se rendre compte de leurs opérations.

Si l'admission à la cote était l'objet d'un contrôle raisonné, le danger serait moins grand pour le petit capitaliste, car cette admission serait déjà pour lui une garantie; mais, dans l'état de choses actuel, cette garantie n'existe même pas.

Jusqu'ici, les syndicats n'ont été pratiqués que par les sommités de la haute banque, qui seules en partageaient les bénéfices.

Le métier paraissant bon, un journal financier, le *Moniteur des Valeurs à lots*, propose de généraliser le opérations de ces syndicats.

Comment ! c'est le Crédit Foncier qui vient élever des doutes sur la solidité de ses valeurs ? Ce serait tellement naïf, que je cherche ailleurs le motif

---

Dans les numéros des 13, 20 et 27 Mars 1881, le baron Louis a entrepris une campagne dans le but de former des sociétés destinées à pratiquer spécialement les syndicats ; ces sociétés auraient lieu par actions d'une importance minime et conséquemment accessible à toutes les bourses.

Donnera-t-on suite à cette idée, dont le but réel et non dissimulé est d'engendrer des taux fictifs ? Tout est possible en présence de la fièvre financière qui existe en ce moment.

On ne peut empêcher les syndicats tels qu'ils fonctionnent aujourd'hui, puisqu'ils résultent de conventions particulières insaisissables. Il n'en devrait pas être de même s'ils se fondaient ouvertement des sociétés publiées et reconnues, dans le but unique et ostensible de tromper les capitalistes trop confiants en employant des manœuvres déloyales, pour donner à des actions et obligations cotées à la Bourse une valeur qu'elles n'ont réellement pas, et l'on trouverait aisément quelques dispositions pénales à leur appliquer ; si l'on n'en trouvait pas, il faudrait en voter. A. G.

de cet excès de précautions, car je ne crois pas à la naïveté, surtout quand elle est collective, et que je connais l'habileté et l'intelligence de la collectivité d'aujourd'hui.

Le Crédit Foncier a donc un syndicat, et je me demande si les avantages de ce syndicat ont été réservés aux seuls membres qui en faisaient partie, et si c'est à eux que se sont bornés la distribution d'obligations à 7 fr. 50 ou à 10 fr. au-dessous du cours d'émission et le partage des bénéfices.

Ah! si j'entrais dans les détails, peut-être trouverait-on que j'irais trop loin.

M. Albert Christophle. Allez! allez!

M. Janvier de la Motte. Je vais en dire quelque chose. (Rires à droite.)

M. Albert Christophle. Je vous en prie.

M. Janvier de la Motte. Que n'a-t-on pas dit et écrit! Ainsi je ne vous apprendrai rien en vous disant — ce qui, sans doute, est parvenu cent fois à vos oreilles — ce que l'on écrivait dans certaines feuilles publiques, à savoir que les bénéfices avaient servi à fonder des journaux, à les subventionner. (Rumeurs sur divers bancs à gauche et au centre.)

Oh! rassurez-vous, Messieurs, ce n'étaient pas des journaux bonapartistes. (Rires à droite.)

On écrivait encore que ces bénéfices avaient fait avec les fonds secrets un mariage, une fusion plus heureuse que celle de 1873. Et ce que je dis est imprimé dans des journaux de Paris et dans des journaux des départements.

M. LÉVÊQUE. Expliquez-vous carrément.

M. JANVIER DE LA MOTTE. Eh bien ! oui, je vais m'expliquer carrément. (Rires approbatifs à droite.)

Messieurs, ce que je vous rappelle est imprimé tout au long dans des journaux. Voici un journal qui a été publié à Paris, et dans lequel je lis ceci :

« On dit encore qu'il s'est fait une sorte de mariage plus ou moins scandaleux avec les fonds secrets et le syndicat. »

C'est écrit en toutes lettres.

Un membre au centre. Dans quel journal lisez-vous cela ?

M. JANVIER DE LA MOTTE (Eure). Permettez ! je n'ai pas l'habitude de jouer le rôle odieux de dénonciateur... (Exclamations au centre et à gauche.) Je vais prier un de MM. les Secrétaires de la Chambre de vouloir bien lire le titre du journal, et je compte sur sa discrétion pour qu'il ne le révèle à personne.

Au surplus, Messieurs, cela a été non-seulement imprimé dans un journal de Paris, mais cela a été répété dans des journaux de province. Quant à dire le nom du journal dont j'ai un extrait entre les mains : Non !

M. Riotteau. Pourquoi ?

M. Janvier de la Motte (Eure). Mon cher Monsieur Riotteau, je vais vous dire pourquoi je ne le fais pas. C'est parce que j'ignore si le délai de prescription est expiré, et je ne voudrais pas exposer des journaux à des poursuites, quoique ces articles remontent au 9 Octobre 1879.

Un membre à gauche. Vous avez l'amnistie que vous venez de voter. (Rumeurs.)

M. Janvier de la Motte. Tout mauvais cas est niable! (Applaudissements à droite.—Rires ironiques à gauche.)

En tout cas, ces articles ont été imprimés, et je sais dans quels journaux. Je pense que, du moment où un membre de la Chambre, quel qu'il soit, monte à cette tribune pour faire une déclaration comme celle que je fais, le premier devoir que nous avons les uns envers les autres, c'est de ne pas douter de cette déclaration. (Exclamations sur quelques bancs à gauche et au centre.—Approbation à droite.)

J'ajoute que ces journaux n'ont été l'objet d'aucune poursuite et n'ont même pas été l'objet d'une rectification.

M. le sous-gouverneur du Crédit Foncier, l'honorable M. Lévêque, vient de me dire : Expliquez-vous carrément !

Vous vous expliquerez carrément vous-même, Monsieur ! Vous me rendrez cette justice que je me suis absolument abstenu de faire une personnalité. Je ne cite que des faits, mais je m'étonne de cette indignation contre des écrits que, comme moi, vous avez pu lire, car vous n'aviez pas besoin de les aller chercher dans les départements, car vous pouviez les trouver, même à Paris.

Mais, dira-t-on, c'est grâce à ce moyen que l'on est parvenu à réduire à 4 fr. 45 l'intérêt qu'on demande aux propriétaires emprunteurs. Il est vrai que les propriétaires emprunteurs ont eu un allégement de 8 à 10 millions, mais en même temps les obligations ont perdu 80 à 100 millions ; de telle sorte que le profit pour les uns a été de la perte pour les autres comme 1 est à 10. Je n'y trouve guère d'avantage pour les derniers qui sont les plus nombreux.

Mais à qui les propriétaires doivent-ils cette conversion ? Est-ce au Crédit Foncier ? non ! il ne pouvait pas agir autrement, sous peine de ne plus faire aucune affaire ; il se serait même trouvé en présence de remboursements qui lui auraient été imposés et qu'il n'aurait pu refuser, puisque ses statuts l'obligent à les recevoir.

Le Crédit Foncier a donc rendu là aux propriétaires un service bien involontaire, et je voudrais être propriétaire pour ne lui en avoir aucune reconnaissance. (On rit.)

Pour les départements, vous êtes-vous montrés plus serviables ? Vous êtes autorisés à prêter à 4 1|2 p. % et vous prêtez souvent, dites-vous, bien au-dessous de ce taux. Mais si vous n'agissiez pas ainsi, comment placeriez-vous vos obligations communales, quand la Caisse des consignations prête aux départements et aux communes à 4 p. %, quand les souscriptions publiques prêtent à 3,92 p. % dans le département même que représente M. Christophle, et quand des banques privées qui n'ont ni le monopole ni les priviléges du Crédit Foncier, ni sa législation, prêtent des millions à 3,67 p. %. En présence de ces circonstances, le Crédit Foncier ne pouvait donc pas agir autrement, car il n'aurait pas trouvé à placer son argent, ni chez les propriétaires, ni dans les communes et les départements.

Mais en même temps que vous donniez aux propriétaires cette réduction du taux de l'intérêt à 4 fr. 45, vous obligiez ces malheureux obligataires à subir une conversion de 450 millions, conversion qui réduisait de moitié les ressources de gens peu aisés, dont les revenus sont insuffisants, et qui, vous le savez, sont la clientèle habituelle des opérations aléatoires. Vous avez tous dans la mémoire les plaintes, les récriminations dont cette mesure a été l'objet; on a été jusqu'à en contester la légalité. Je sais bien que la question de droit a été tranchée et je n'y reviens pas ; mais ce qui m'étonne, c'est que le Gouvernement ait donné à cette conversion son approbation, alors qu'il refuse absolument d'opérer la conversion des fonds de l'Etat. (Mouvements à gauche et au centre.)

Je ne reviendrai pas, Messieurs, sur la conversion ; je dirai seulement qu'il y a longtemps qu'elle serait faite si l'initiative n'en était pas partie des membres de la droite. Il en est de la conversion comme de beaucoup d'autres propositions...

M. PAUL DE CASSAGNAC. Même du rétablissement de l'empire !

M. JANVIER DE LA MOTTE (Eure). ...qui, lorsqu'elles viennent d'un côté de la Chambre (la gauche) sont parfaites, et qui, lorsqu'elles émanent de l'autre côté, sont toujours condamnables.

Où est, Messieurs, le côté utile de toutes les opérations que je viens de vous signaler?

M. le Ministre des finances me dira: Lors des émissions de 1879, je n'étais pas au pouvoir.

C'est vrai: il n'était pas, alors, Ministre des finances; mais il était administrateur du Crédit Foncier, et il devait, en cette qualité, s'insurger avec énergie contre une doctrine qu'il avait combattue autrefois avec tant d'ardeur, et, quand il est arrivé au pouvoir, il devait mettre fin à tous ces agiotages, à toutes ces spéculations. (Très bien ! à droite.)

Voilà les dangers de l'ingérence de l'Etat dans des questions d'agiotage et de spéculation; voilà les inconvénients du contrôle du Gouvernement dans les établissements de la nature de ceux du Crédit Foncier, ou du moins tel qu'il est devenu aujourd'hui ; c'est engager la responsabilité morale de l'Etat, c'est même engager sa responsabilité matérielle.

Que faut-il faire? Il faut veiller à ce que le Crédit

Foncier ne s'écarte plus désormais du principe de son institution : plus de grande loterie sans une disposition législative, plus d'émissions à lots sans une loi ; que le Gouvernement se mette à l'abri de toute ingérence, du plus léger soupçon, de la moindre complicité, de la moindre faiblesse, de la moindre complaisance ; enfin, qu'il cherche, lui le premier, à abroger toute cette législation, tous ces statuts qui imposent son examen et son contrôle, qui commandent son patronage dans les dispositions qui existent aujourd'hui ; en un mot, l'égalité pour tous ! Oui, oui, s'écriait-on dans le sein du Corps législatif en 1869, et surtout de ce côté (la gauche), lorsque M. Rouher venait prononcer les paroles suivantes, que je vous demande la permission de citer en terminant :

« La surveillance du Gouvernement vis-à-vis des
» sociétés financières est une faute capitale : il
» faut opérer une séparation complète entre les
» intérêts privés et l'action du Gouvernement:
» celui-ci n'est pas fait pour surveiller les autres;
» ils doivent se surveiller eux-mêmes et doivent
» chercher leur sanction dans l'autorité judiciaire et
» non pas dans l'ingérence du Gouvernement.

» L'autorisation est une recommandation impli-
» cite, car le Gouvernement est censé avoir connu
» l'opération avec ses détails et ses profits.

» La surveillance est impossible et elle entraîne
» des responsabilités qu'un Gouvernement sérieux
» ne doit pas accepter. » (Très bien ! très bien ! àn droite.)

J'ignore le sort réservé à l'ordre du jour que j'aurai l'honneur de déposer sur le bureau ; je n'ai pas voulu faire de politique, et je prierai M. le Ministre des finances de ne pas se souvenir si cette interpellation a été faite par un membre de la droite ou par un membre de la gauche. C'est une question d'honnêteté publique. Mais ce que je puis vous assurer, c'est que le moment n'est pas éloigné où vous viendrez vous-même soutenir ces principes à cette tribune. Ce jour-là je ne serai pas jaloux du succès que vous obtiendrez ; je me contenterai d'avoir pu soutenir aujourd'hui la cause des petits et défendu des intérêts qui me semblent mériter d'être soutenus et d'être protégés. (Applaudissements à droite.)

M. MAGNIN, *Ministre des finances*. Messieurs, dans la plus grande partie de son discours, l'honorable M. Janvier de la Motte a voulu me mettre en contradiction avec moi-même. Il avait déjà, si ma mémoire est fidèle, rappelé les paroles que j'avais prononcées au Corps législatif, alors que j'avais l'honneur de siéger parmi les membres de l'opposition. Il les a rappelées de nouveau aujourd'hui.

Je ne veux pas, Messieurs, entamer une discussion sur ce sujet. Je me bornerai à dire à mon honorable contradicteur que, lorsque j'aurai autorisé des émissions de valeurs à lots, il pourra venir dire que je suis en contradiction avec moi-même ; mais puisque jusqu'à présent je ne l'ai pas fait, je ne suis nullement en contradiction avec les déclarations que j'ai faites antérieurement.

A droite. Alors vous blâmez ces émissions ?

M. le Président. N'interrompez pas, Messieurs!

M. Laroche-Joubert. Approuvez-vous ou n'approuvez-vous pas l'émission des valeurs à lots?

M. le Ministre des finances. Je vous demande, Messieurs, la permission de ne pas répondre aux interruptions...

M. Laroche-Joubert. Ce n'est pas une interruption que je vous adresse, c'est une question que je vous pose.

M. le Ministre... Je n'ai pas une seule fois interrompu l'honorable M. Janvier de la Motte...

M. Janvier de la Motte (Eure). C'est vrai!

M. le Ministre... Je ne répondrai donc pas aux interrupteurs. Je ne répondrai qu'à l'interpellation, et chacun de vous pourra ensuite monter à la tribune pour me contredire. (Très-bien! — Parlez!)

M. Janvier de la Motte a, en quelque sorte, fait le procès du Crédit Foncier.

M. Laroche-Joubert. Je demande la parole. (Exclamations à gauche et au centre.)

J'ai bien le droit de demander la parole. Qu'est-ce qu'il y a d'extraordinaire à cela? Ceux qui croient que je n'ai pas le droit de la demander devraient bien me le dire.

M. le Ministre. Il a même, dans la dernière partie de son discours, donné certains renseignements, répété certaines appréciations qu'il a recueillies dans divers journaux dont il a fait lire les titres à un de MM. les Secrétaires, mais dont il n'a pas donné le nom à la Chambre.

Il a ajouté — j'ai retenu ses expressions — que le Crédit Foncier était devenu une maison d'agiotage et de jeu.

Messieurs, il est inutile, je crois, devant la Chambre et devant le pays, de défendre, à ce point de vue, le Crédit Foncier.

Il a dit, enfin, que le Crédit Foncier avait fait des emprunts, — je laisse de côté la question des lots — et que les obligations du Crédit Foncier étaient actuellement au-dessous du prix d'émission.

Je demande à la Chambre la permission de ne pas apprécier ce fait et de ne pas donner les raisons pour lesquelles ces obligations sont au-dessous du prix d'émission.

A droite. Ah! ah!

M. LE PRÉSIDENT. Veuillez écouter, Messieurs.

M. LE MINISTRE. Je demande la permission de ne pas donner ces raisons, bien que je puisse les donner, attendu que nous ne sommes pas ici autour de la corbeille de la Bourse...

A gauche. Très bien! très bien!

M. LE MINISTRE... et que les appréciations que je

pourrais donner—et qui ne seraient pas autre chose que des appréciations — afin d'indiquer les motifs qui font que les obligations émises à 485 fr. sont actuellement descendues à 460, ces appréciations, dis-je, pourraient être erronées ; elles seraient, d'ailleurs, simplement l'expression de mon opinion personnelle. Je ne crois pas devoir les donner ; je ne crois pas, en présence d'une valeur qui offre toute garantie, qui est gagée d'une façon certaine, mais qui a pu subir une certaine dépréciation, je ne crois pas devoir me livrer à une appréciation de cette nature.

M. Janvier de la Motte vous disait que les obligations, qui proviennent surtout de l'épargne des petits, baissaient, tandis que les actions qui appartiennent plutôt aux riches capitalistes, montaient. Je ne donnerai aucune espèce de raisons en ce qui concerne l'élévation du cours des actions du Crédit Foncier. (Rires à droite.)

Vos rires, Messieurs, ne m'empêcheront pas d'exprimer ma pensée.

M. LE PRÉSIDENT. Veuillez ne pas interrompre, Messieurs.

M. LE MINISTRE. Je laisse donc cela de côté, mais il est bon qu'on sache ce qu'a fait le Crédit Foncier et ce qu'il est. Je ne parle pas de son passé, je ne suis pas interpellé sur ce point, et je ne peux pas l'être, je parle du présent et du présent le plus immédiat.

On reproche au Crédit Foncier d'avoir émis des

emprunts à lots très considérables. Recherchons comment ces autorisations avaient été données dans le passé. C'est au mois de mars 1852, dans la période dictatoriale, qu'on a donné au Crédit Foncier le droit d'émettre des obligations à lots, et on lui a donné ce droit absolu, sans autorisation préalable, indéfiniment et sans contrôle. Mais dès le 21 décembre 1853, dix-huit mois après par conséquent, on a trouvé que cette autorisation absolue d'émettre des obligations à lots pouvait avoir certains inconvénients, et on a restreint l'exercice de ce privilége. On a décidé qu'une autorisation serait nécessaire pour faire chaque émission d'emprunts à lots.

Cette situation a duré de 1853 à 1879, époque à laquelle a été donnée la dernière autorisation d'émettre des obligations à lot.

M. HAENTJENS. C'est en 1877.

M. LE MINISTRE. Pardon, c'est en 1879, puisque la dernière émission, vous l'avez rappelé vous-même, est du 25 décembre 1879.

En 1877, il y a eu un emprunt à lots de 250 millions, — je ne dis rien du passé, vous le voyez, — en 1877, donc, on a accordé l'autorisation au Crédit Foncier d'émettre un emprunt à lots de 250 millions. Le ministre qui a donné cette autorisation y a-t-il inséré une condition quelconque ? Non, Messieurs, il n'a fixé aucun maximum, imposé aucune condition pour le taux des prêts qui pouvaient être faits, à cette époque, par le Crédit Foncier, à 5. p. °/°, alors que l'argent produit par les obligations lui revenait à 4 fr. 14, plus 60 centimes de commission, ce qui faisait que les prêts revenaient aux emprunteurs à 5 fr. 60 p. %.

Voilà ce qui s'est passé en 1877.

En 1879, on a autorisé deux emprunts qui ont été réalisés, l'un le 5 août et l'autre le 7 octobre, il y a eu enfin une dernière autorisation le 27 décembre 1879, pour un autre emprunt.

Eh bien ! Messieurs, je prends, par exemple, la seconde autorisation, celle du mois d'octobre 1879,— celle qui était relative aux prêts fonciers, aux obligations foncières ;—lorsque mon honorable prédécesseur a donné cette autorisation, s'est-il conformé à ce qu'avait fait son prédécesseur en 1877 ? L'a-t-il imité? N'a-t-il mis aucune condition au taux des prêts qui devaient résulter de l'émission de ces obligations ? Non, Messieurs. Voici ce qui a été fait :

Il a été décidé alors que les emprunteurs profiteraient intégralement de l'abaissement du taux résultant des émissions. On a décidé, en outre, la suppression de la commission de 60 centimes, que les emprunteurs n'auraient plus à payer. On a dit au Crédit Foncier que le bénéfice brut qu'il pourrait retirer du placement des fonds qui lui proviendraient de ces obligations placées, ne pourrait en aucun cas dépasser 60 centimes. De cette façon, le taux fut abaissé à 4 fr. 45 p. %, c'est-à-dire qu'il offrit une réduction de 1 fr. 15 sur le taux des prêts faits antérieurement à cette opération.

Ce ne sont pas seulement les nouveaux emprunteurs qui ont bénéficié de cet abaissement du taux à 4 fr. 45 ; on a décidé que les anciens emprunteurs qui payaient un taux beaucoup plus élevé pourraient convertir leur dette, et ne plus payer à l'avenir que 4 fr. 45 p. 100.

Et si vous voulez me permettre de vous faire saisir ma pensée par un exemple, je dirai que l'emprunteur qui payait au Crédit Foncier une somme de 6,060 francs ne paye plus, par le fait de la conversion, qu'une annuité de 5,000 francs. Il y a eu, vous le voyez, une baisse réelle du taux de l'argent prêté à la suite des émissions qui avaient été autorisées, baisse dont le public a profité, et il suffisait, je crois, d'énoncer un fait de cette nature pour que la Chambre en saisisse toute la portée. (Marques d'assentiment à gauche.)

Voilà ce qui a eu lieu pour les prêts fonciers.

Quant aux prêts communaux, qui ont pris un grand développement et qui sont autorisés par vous, le Crédit Foncier a obtenu la faculté, en juillet 1860 seulement, de faire ses prêts communaux, et cela sans fixation d'un taux d'intérêt.

Le 5 Août 1879, il lui a été donné l'autorisation de faire un nouvel emprunt de ce genre au moyen d'une émission de nouvelles obligations. La réalisation de ce capital a donc permis de faire cette conversion dont on a parlé tout à l'heure et, en même temps, de consentir à de nouveaux prêts.

Je pourrais passer en revue toutes les opérations des prêts communaux faits depuis 1860 jusqu'à 1880; mais qu'il me suffise de dire que prêts communaux et fonciers, consentis avant le 5 avril 1879, l'ont été aux taux suivants :

En 1872, à 6 fr. 03 p. %.
En 1873, à 6 fr. 11 p. %.
En 1874, à 6 fr. 12 p. %.
En 1875, à 5 fr. 91 p. %.
En 1876, à 5 fr. 97 p. %.
En 1877, à 5 fr. 70 p. %.
En 1870, à 5 fr. 62 p. %.

En 1879 et 1880, les prêts communaux sont consentis au taux moyen de 4 fr. 20 p. %, voilà la différence. Et qui en profite ? Ce sont les départements et les communes. Par conséquent, ce sont les contribuables eux-mêmes qui en profitent ; et on en a émis pour une somme importante, car le taux moyen de 4 fr. 20 s'applique à une somme totale de 520 millions; à l'heure qu'il est ou plutôt au 31 Décembre dernier, le Crédit Foncier a prêté aux communes une somme de 636,701,653 fr. 89 pour une durée moyenne de quarante ans et demi au taux de 4 fr. 20, et aux particuliers, en prêts fonciers, une somme de 904,586,621 fr. 16 au taux de 4 fr. 45. p. %, pour une durée moyenne de trente-huit ans et demi.

Voilà les opérations que fait le Crédit Foncier, et lorsque j'ai dit, à une époque antérieure, que le Crédit Foncier avait fait bénéficier les emprunteurs de l'abaissement du taux de l'intérêt de l'argent, je crois que je n'avançais pas un fait susceptible de recevoir un démenti ni une dénégation. Oui l'abaissement du taux de l'intérêt profite aux communes et aux particuliers. Et le Crédit Foncier, qui a pour mission de prêter de l'argent dans des conditions aisées, faciles, et de donner toutes les commodités possibles à la propriété pour se libérer, et de prêter aux communes pour leur donner la faculté d'aligner leur budget en vue d'exécuter des travaux extraordinaires, le Crédit Foncier, dis-je, remplit son devoir, il accomplit sa mission.

Quant aux accusations qui ont été dirigées contre le Crédit Foncier par l'honorable M. Janvier de la Motte, qui a dit que c'était une maison d'agiotage, qu'il me permette de lui dire qu'il est dans une erreur absolue et complète, et qu'il ne suffit pas d'attaquer un grand établissement comme celui-là, dont l'administration se fait au grand jour, qui a un conseil d'administration dont l'honorabilité est au-dessus de toute critique, conseil d'administration qui n'est pas un conseil politique ; — toutes les opinions y sont représentées ; j'ai eu l'honneur d'y passer pendant trois mois, et je n'y ai trouvé que les hommes les plus parfaitement honorables et désireux de faire le bien public ; il y en a même parmi eux des plus distingués, — attaquer, dis-je, le Crédit Foncier, c'est attaquer ces hommes-là. Je les défends, ou plutôt je n'ai pas besoin de les défendre, leur réputation et leur renommée suffisent. Mais enfin je dois faire une protestation contre les insinuations qu'on cherche à diriger contre le Crédit Foncier. Si la Chambre a besoin d'être édifiée d'une manière plus complète sur tous les détails de l'administration, nous avons ici parmi nous le gouverneur du Crédit Foncier, et je suis convaincu qu'il s'empressera de nous donner tous les renseignements qui, finalement, détruiront toutes les attaques qui ont été dirigées contre ce grand établissement. (Très bien! très bien! et applaudissements à gauche et au centre.)

M. Laroche-Joubert. Messieurs, puisque, d'après les nouveaux usages parlementaires, il n'est plus permis, de sa place, de poser la plus simple question, soit à un ministre, soit à un orateur quelconque qui est à la tribune, j'ai cru devoir demander la parole pour réitérer ici à M. le Ministre des finances la question que j'ai eu l'honneur de lui poser de ma place. Cette question la voici: Approuvez-vous ou désapprouvez-vous l'émission des valeurs à lots? Je n'ai pas autre chose à dire que de lui poser cette question. Vous voyez, Messieurs, que l'on eût pu m'éviter de monter à la tribune pour si peu de mots. (Très bien! très bien! à droite.)

M. le Président. La parole est à M. Haentjens.

Voix à droite. Le ministre ne répond pas?...

M. Laroche-Joubert, *remontant à la tribune.* Puisque M. le ministre des finances ne croit pas devoir répondre à ma question, j'en conclus qu'il considère qu'il n'aurait à me faire qu'une réponse compromettante pour lui. (Exclamations et protestations sur un grand nombre de bancs à gauche.)

M. LE MINISTRE DES FINANCES. Je n'ai pas peur de me compromettre. Ce que j'ai dit, la Chambre l'a très bien compris, et l'honorable député, mon ancien collègue, M. Laroche-Joubert, l'a parfaitement compris aussi.

J'ai dit que vous pourriez me mettre en contradiction avec moi-même lorsque j'aurai autorisé l'émission d'obligations à lots. Je répète la déclaration que j'ai faite : ce jour-là, vous pourrez me mettre en contradiction avec moi-même, mais ce jour-là seulement, et, si vous voulez que j'accentue ma pensée, vous n'en aurez pas l'occasion. (Très bien! très bien! — Applaudissements.)

M. LAROCHE-JOUBERT. Je constate que s'il n'a pas été répondu directement à ma question, M. le ministre y a indirectement donné satisfaction.

M. HAENTJENS. Messieurs, la réponse de M. le ministre, sur le point principal, me donne, je l'avoue, complète satisfaction. Nous voulons surtout, et il y a de longues années que je poursuis cette tâche, quant à moi, nous voulons surtout mettre fin à des émissions abusives de valeurs à lots, et M. le ministre, en refusant de les approuver à deux reprises successives, nous a donné, je le répète, une réelle satisfaction. Je crois qu'il ne pouvait aller plus loin. J'espère, maintenant, qu'il ne s'opposera pas à l'ordre du jour que nous allons demander à la Chambre de voter tout à l'heure et qui contiendra un blâme pour les émissions abusives de valeurs à lots.

Messieurs, le débat qui vient de s'engager entre

M. Janvier de la Motte et M. le Ministre des finances a dû éclairer la Chambre et le pays. M. Janvier de la Motte a reproché au gouvernement républicain d'avoir autorisé en quelques mois l'émission de 1,900,000,000 fr. de titres de loteries, et cela seulement dans un intérêt privé.

Une voix à gauche. Cela date de deux ans!

M. HAENTJENS. Eh bien! M. le ministre des finances s'est borné à répondre sur le premier point qu'il n'avait pas la responsabilité de ce fait si grave, puisque les émissions n'avaient pas été faites pendant qu'il faisait partie du cabinet. A cela on pourrait peut-être lui répondre que le 14 Janvier, il a laissé mettre au *Journal officiel,* alors qu'il était ministre, l'autorisation d'une émission de 500 millions, autorisation qu'il pouvait retirer et qu'il aurait dû retirer; enfin, comme elle était signée de son prédécesseur et non de lui-même, je n'insiste pas. Ainsi, il n'a pas défendu ce que ses amis avaient critiqué si vivement et si violemment sous le régime précédent. Il s'est borné à faire l'historique du Crédit foncier et à nous dire, qu'au point de vue des services rendus, il y avait eu satisfaction donnée à un intérêt général. M. Janvier de La Motte a répondu d'avance à cette affirmation.

Il a affirmé qu'il n'y avait absolument là que des intérêts privés qui ont amené une perte de 100 millions, supportée par la classe des gens peu aisés.

M. le gouverneur du Crédit foncier semblait combattre les chiffres de sa place ; je crois qu'en prenant le cours moyen des obligations, depuis un mois ou six semaines, on arrive à ce chiffre, et, en tenant compte de la plus-value qu'avait donnée aux titres le syndicat dont vous a parlé M. Janvier de La Motte, ce chiffre serait même dépassé. Admettons d'ailleurs 80 à 90 millions de perte.

Si, d'un côté, cette perte énorme a frappé les classes les plus intéressantes de la société, d'autre part, l'établissement financier, qui a profité de cette émission, a gagné au moins 150 à 200 millions, sans compter les bénéfices qu'il a réalisés à la suite d'opérations aussi hardies qu'heureuses.

Notez que je n'adresse aucun reproche au Crédit Foncier. Il n'a fait que ce qu'il devait faire. Cet établissement et ses administrateurs, qui sont gens fort honorables, ont cherché à faire gagner de l'argent à leurs actionnaires, c'était là ce qu'ils devaient faire. Ils n'avaient point à s'occuper de l'intérêt général. C'était le Gouvernement qui avait à s'en préoccuper, et qui ici, comme toujours, l'a absolument méconnu [1].

---

[1] Au point de vue moral, nous ne partageons pas l'opinion de M. Haentjens, lorsqu'il dit que le Crédit Foncier doit chercher uniquement à faire gagner de l'argent à ses actionnaires et qu'il peut mettre de côté l'intérêt général.

Ce raisonnement pourrait peut-être se soutenir s'il s'agissait d'une entreprise particulière;

M. le Ministre a bien vu que c'était là un des reproches les plus graves qui lui étaient adressés, aussi s'est-il efforcé d'y répondre. Il vous a rappelé qu'on avait réduit l'intérêt des prêts au public à 4 45 p. %. M. Janvier avait aussi prévu cette objection, et il avait fait remarquer que 4 45 p. % était un taux relativement élevé par rapport au prix actuel de l'argent, qui heureusement, depuis trois ou quatre ans, a baissé considérablement. Etait-ce d'ailleurs dans un intérêt public que l'on diminuait le taux des prêts ? Qu'est-ce qu'il serait arrivé si le Crédit Foncier n'avait pas abaissé ses taux ? Il serait advenu qu'il n'aurait pas fait d'affaires, qu'on lui aurait remboursé tous les emprunts anciens qui lui procurent un bénéfice notable.

Qu'on ne vienne donc pas nous dire que le Crédit Foncier a abaissé le taux d'intérêt de ses prêts dans un intérêt général. Non, il n'a agi là que dans son propre intérêt, il a fait ce que font toutes les maisons de banque, qui veulent appeler à elles les affaires.

J'ajoute qu'il n'a point abaissé le taux de ses prêts autant qu'il aurait pu le faire, si le Gouvernement

---

mais le Crédit Foncier a été fondé dans un intérêt général ; c'est à ce titre qu'il a été subventionné par le Gouvernement et que des priviléges lui ont été concédés ; il ne doit donc pas faire litière de l'intérêt général, et, s'il le fait, les amis qui parlent en son nom ne devraient pas le proclamer. A. G.

ne s'était pas montré aussi complaisant à son égard et ne lui avait pas accordé des conditions léonines, sans réclamer des concessions équivalentes.

Quant à la question des prêts aux communes, il a réduit l'intérêt de ces prêts dans des conditions si peu avantageuses pour elles, que nous avons eu plusieurs fois l'occasion de nous en plaindre à la tribune.

Quand on a la faculté d'emprunter 2 milliards à 3 30 ou 3 40 p. %, par la loterie, et qu'on vient prêter aux communes à 4 20 p. %, il n'y a pas là une opération bien avantageuse pour les emprunteurs. Que servait donc de prendre comme intermédiaire cet établissement? Pourquoi, si on était sérieusement préoccupé des intérêts des communes, comme le disait M. le Ministre des finances tout à l'heure, pourquoi ne pas laisser la forme *omnium*, les laisser se former en syndicat, et emprunter directement par la loterie à 3 30 p. %? Et pourquoi M. le Ministre de l'intérieur, qui s'est montré si peu soucieux de l'intérêt de ses pupilles, n'a-t-il pas fait en sorte que ces mineurs, dont il doit surveiller les intérêts, aient été autorisés à emprunter eux-mêmes directement les 200 millions qu'on a empruntés par l'intermédiaire du Crédit Foncier et au moyen de la loterie?

M. Janvier de la Motte a eu raison de le dire : Comment ! vous venez nous dire que les communes sont trop heureuses d'emprunter à 4 20? Un établissement fort connu a prêté une somme considérable à une grande ville à raison de 3 67 p. %, et vous,

Ministre de l'intérieur, vous vous trouvez satisfait du chiffre de 4 20 p. %, qu'on porte à 4 1/2 p. %, selon la fantaisie du Crédit Foncier?

Je le répète, le Crédit Foncier n'a point tort de prêter aux communes le plus cher qu'il peut.

Mais vous, Monsieur le Ministre de l'intérieur, permettez-moi de vous le dire, vous manquez à vos devoirs en laissant ainsi sacrifier l'intérêt général, sacrifier l'intérêt des communes à des intérêts particuliers. Il n'y avait que deux choses à faire : ou supprimer énergiquement les loteries que vous avez si sévèrement flétries à une autre époque, ou en faire profiter, dans un intérêt général, l'Etat et les communes. En ne le faisant pas, vous avez, je l'affirme encore une fois, manqué à vos devoirs [1].

---

[1] Si nous envisageons le côté moral de la question, cet argument doit également être repoussé. Les valeurs à lots qui sont venues subrepticement remplacer les anciennes loteries sont universellement condamnées ; les gouvernants qui en autorisent l'émission n'osent pas même prendre ouvertement leur défense ; le Gouvernement ne doit donc, dans aucun cas, y avoir recours pour faciliter ses emprunts ; ses efforts doivent tendre, au contraire, à détourner de toutes les opérations ayant un caractère aléatoire ; il ne doit pas donner l'exemple d'opérations de ce genre, lors même qu'il y trouverait son intérêt. A. G.

M. Constans, *Ministre de l'intérieur et des cultes.* Vous vous adressez à moi qui n'ai rien à faire dans ce débat, les faits auxquels vous faites allusion se sont produits deux ans avant mon entrée au ministère.

M. Haentjens. Vous êtes le tuteur des communes, vous ne devriez pas laisser sacrifier leurs intérêts au désir d'être agréable au Crédit Foncier.

Il est trop facile à un ministère de dire: Ce n'est pas nous qui avons fait cela. Vous êtes solidaires, Messieurs, des agissements de vos prédécesseurs. (Exclamations à gauche.)

M. Labuze. Voilà une manière d'entendre la responsabilité ministérielle!

M. Haentjens. Nous avons l'honneur de présenter l'ordre du jour suivant:

« La Chambre, regrettant que les émissions de valeurs à lots aient amené des abus fâcheux et estimant que le Gouvernement devait rester étranger à toutes les opérations du Crédit Foncier, passe à l'ordre du jour. »

Plusieurs membres à gauche et au centre. L'ordre du jour pur et simple.

M. le Président. On propose à la Chambre l'ordre du jour suivant:

« *La Chambre, regrettant que les émissions de valeurs à lots aient amené des abus fâcheux et* estimant que le Gouvernement devait rester étranger à toutes les opérations du Crédit Foncier, passe à l'ordre du jour. »

Ont signé : MM. Janvier de la Motte et Haentjens.

Voix nombreuses. L'ordre du jour pur et simple !

L'ORDRE DU JOUR PUR ET SIMPLE A ÉTÉ ADOPTÉ.

Extrait du compte-rendu des travaux de l'Académie de Reims
(Années 1853-1854).

COMMUNICATION DE M. GODA

ÉTUDE HISTORIQUE SUR LE CRÉDIT FONCIER

Dans le sens économique, on entend par Crédit Foncier l'ensemble des lois et institutions, soit particulières, soit générales, établies dans le but d'offrir à tout propriétaire d'immeubles les moyens de se procurer, aux meilleures conditions, l'argent dont il peut avoir besoin.

Les établissements de Crédit Foncier ont tous une origine presque contemporaine, et c'est en vain qu'on cherche, dans les législations anciennes, les traces d'établissements de ce genre.

Cependant les prêts, et par cette expression je ne veux pas parler des prêts simples appelés par les Romains *commodat*, mais les prêts à intérêt étaient en usage dans les temps les plus reculés, « Toute
» l'antiquité, dit M. le Président Troplong [1], faisait
» le commerce d'argent ; les Gaulois le plaçaient
» sous la protection du dieu Mercure. *Mercurium*
» *ad prestus pecuniæ mercatoresque vim maxi-*

---

[1] Traité sur le Prêt, préface, page 3.

» *mam habere* [1]. Les Grecs s'y livrèrent constam-
» ment, soit dans leur pays, soit avec les peuples
» d'Orient; Rome en remplit l'Italie et les provinces;
» les Juifs reçurent de leur législateur la permis-
» sion de prêter à intérêt aux nations étrangères ;
» les Syriens, issus des Phéniciens et héritiers de
» leurs pratiques commerciales, étaient célèbres par
» leur goût pour ce genre d'industrie. »

Mais, à l'exception des Egyptiens, qui prêtaient sur un gage moral et pieux, le corps momifié de leur père [2], nous voyons chez tous les peuples anciens la personne du débiteur former le principal gage du créancier; s'il ne pouvait remplir ses engagements, il devenait l'esclave de ce dernier, était soumis à des tortures de tous genres, et quelquefois même impitoyablement mis à mort. L'histoire ancienne est pleine d'exemples de cette sanction pénale et l'on y rencontre, à chaque instant, le récit des révoltes et des séditions qui en ont été trop souvent la triste mais nécessaire conséquence. Toutefois, ce gage vivant ne suffit pas longtemps au créancier, et il chercha bientôt à y ajouter une garantie plus positive, plus appréciable ; de là le nantissement des choses appartenant au débiteur.

---

(1) Cæsar, *de bello Gallico*, VI, 17.

(2) D'après une ordonnance du roi Assychis, il n'était permis d'emprunter qu'à la condition *d'engager au créancier le corps de son père*, que chacun en Egypte faisait embaumer avec soin et conservait avec honneur dans sa maison et qui, pour cette raison, pouvait être aisément transporté. Or, c'était une impiété et une infamie tout ensemble de ne pas retirer assez promptement un gage si religieux, et celui qui mourait sans s'être acquitté de ce devoir, était privé des honneurs qu'on rendait aux morts. (Rollin, Histoire ancienne, liv. 1, seconde partie, chap. 2.)

Dès les premières années de la République romaine, lorsqu'on distinguait encore les biens en *res mancipi* et *res nec mancipi*, le nantissement s'opérait, d'après le droit civil, par la *mancipation fiduciaria*, espèce de vente à réméré, au moyen de laquelle le débiteur transportait solennellement *per æs et libram* à son créancier la propriété de sa chose, sous la condition que ce dernier la lui rendrait aussitôt le paiement de la dette. Peu de temps après, ce mode de nantissement cessa d'être en usage et fut remplacé par le *pignus*, convention résultant du droit naturel, et qui s'opérait au moyen de la simple remise du gage entre les mains du créancier.

Toutefois, le *pignus*, quoique l'emportant de beaucoup sur la *fiducie*, par la simplicité de ses formes, présentait un immense désavantage pour la propriété foncière ; en effet, dans la *mancipatio fiduciaria*, malgré le transfert de la propriété, le créancier était autorisé, par le droit civil, à en laisser au débiteur la possession et l'usage sous le titre de louage ou précaire ; avec le *pignus*, au contraire, le dessaisissement était forcé et la possession passait nécessairement au créancier.

Pour remédier à cet inconvénient, les jurisconsultes romains empruntèrent à la législation grecque une convention par laquelle la propriété devenait le gage du créancier, sans cesser de rester entre les mains du débiteur ; cette convention, appelée en grec ὑποθήκη, conserva le nom d'hypothèque chez les Romains et même chez les nations modernes ; déri-

-vant de la législation des prêteurs, elle fut encouragée à Rome par ces magistrats et remplaça entièrement, pour la propriété foncière, le *pignus* et la *fiducie*.

Voilà donc à Rome le premier pas fait vers le Crédit Foncier ; une voie simple et facile est ouverte au débiteur pour se procurer de l'argent au moyen de l'affectation hypothécaire de son bien ; il ne restait plus qu'à diriger les capitaux vers le propriétaire par la création d'institutions sauvegardant à la fois l'intérêt du capitaliste et l'intérêt de l'emprunteur ; malheureusement personne n'en eut l'idée, on s'arrêta en chemin ; la *fiducie*, le *pignus*, l'*hypothèque* même avaient été, dès l'origine, institués uniquement dans l'intérêt du créancier. L'hypothèque présentait à ce dernier une garantie suffisante, on n'alla pas plus loin, on ne chercha pas à en faire pour le propriétaire gêné un moyen d'améliorer sa position, et les prêts, faits avec cette garantie, n'en restèrent pas moins une source perpétuelle d'usures et d'exactions déplorables.

Il semblerait, tout d'abord, que le christianisme, venant au Moyen-Age régénérer la Société et substituer aux usages barbares de l'antiquité l'émancipation morale du genre humain, eût dû mettre immédiatement fin à cette insouciance inhumaine du sort des débiteurs, insouciance qu'on ne s'explique qu'en présence des doctrines du paganisme. Les principes de l'évangile, sainement interprétés, auraient certainement amené ce résultat si naturel sans un préjugé funeste, mais généralement répandu à cette époque. Par une fausse interprétation du chapitre VI⁰ de l'Evangile selon Saint-Luc, les docteurs en droit canon enseignaient alors que le prêt à intérêt était défendu par les lois divines ; quelques bulles des Papes, des ordonnances royales même, notamment celle du 8 Décembre 1312, avaient également consacré le principe, malgré la résistance des parlements de l'ancien pays de droit écrit.

Cette proscription du prêt à intérêt était une entrave tellement grave pour le propriétaire et le capitaliste, qu'on cherchait à l'éviter en tournant la difficulté, c'est-à-dire, tout en semblant respecter le principe ; de là l'origine et la cause première des rentes constituées si fréquentes au Moyen-Age et si rares de nos jours (1).

Les partisans de ce système admettaient bien quelques exceptions, telles que celles résultant du *Lucrum cessans* et du *periculum emergens*, etc., etc., mais ces exceptions, quoique très élastiques, n'en

---

(1) « La rente constituée est un contrat par lequel un des contractants vend à
» l'autre une rente annuelle et perpétuelle dont il se constitue le débiteur pour
» un prix licite convenu entre eux, qui doit consister en une somme de deniers
» qu'il reçoit de lui, sous la faculté de pouvoir toujours racheter la rente,
» lorsqu'il lui plaira, pour le prix qu'il a reçu pour la constitution et sans qu'il
» puisse y être contraint. Il faut convenir que le contrat de constitution a
» quelque rapport avec le prêt à intérêt ; 1° Il n'a été inventé que pour qu'on
» pût se passer du prêt à intérêt défendu par les lois de l'Eglise, confirmées par
» celles des Princes dans les Etats catholiques, et pour lui substituer un autre
» moyen de trouver l'argent dont on peut avoir besoin dans une infinité de cir-
» constances de la vie ; 2° On ne peut disconvenir que la rente annuelle et
» perpétuelle que paye le débiteur jusqu'à ce qu'il ait rendu la somme princi-
» pale, n'ait du rapport avec les intérêts que le débiteur paye dans le contrat de
» prêt à intérêt jusqu'à la restitution de la somme prêtée, et que si, dans le
» contrat de constitution le débiteur de la rente n'est pas, comme dans le prêt à
» intérêt, débiteur proprement du sort principal, *il l'est néanmoins en quelque*
» *manière puisqu'il ne peut, sans le vendre, faire cesser la rente et se*
» *libérer.* = (Pothier, du contrat de constitution de rente.) »

restaient pas moins a l'état d'exception, et loin d'amoindrir le principe, lui donnaient de la force et de la consistance ; aussi, celui qui le transgressait, faisait payer cher sa complaisance, son infraction aux lois de l'Eglise, et ne consentait la plupart du temps à prêter que moyennant des conditions tellement usuraires, que presque toujours elles entraînaient la ruine du débiteur [1].

En présence de ces idées presque généralement admises, on était loin de chercher à donner de l'essor et du développement au Crédit Foncier, dont le but principal est de prêter des capitaux moyennant une redevance. Aussi, pour rencontrer le premier essai d'association de ce genre, sommes-nous obligé d'arriver à l'an 1772.

Les traités de Paris et de Hubersbourg venaient de mettre fin à la guerre de Sept Ans ; l'Europe était tranquille, mais épuisée, un million d'hommes étaient restés sur les champs de bataille, et la Prusse notamment, qui venait de soutenir une lutte inégale contre la France et l'Autriche, avait vu s'épuiser presque entièrement toutes ses ressources financières.

Ce triste état de choses se faisait surtout plus spécialement sentir dans la Silésie, restée à Frédéric-le-Grand, par le traité de Hubersbourg.

---

[1] Le mouvement des croisades donna lieu à de nombreux engagements de la propriété foncière, et, l'usure garantie par le nantissement, no ménagea pas ces pieux et braves chevaliers, qui sacrifiaient les intérêts terrestres à la cause du Christ. — (Troplong, du nantissement, nombre 19.)

La noblesse de cette province, se trouvant dans l'impossibilité de payer ses dettes, s'adressa au souverain et en obtint un sursis de 3 ans ; mais cette concession était loin de parer à tout ; il ne suffisait pas d'être momentanément tranquille sur les dettes passées, il fallait en outre subvenir aux besoins de chaque jour ; l'argent était rare, l'intérêt était monté à 10 p. °/° et l'on ne pouvait s'en procurer que moyennant une commission de 3 p. °/₀.

« Cet état de choses inspira à un négociant obscur
» de Berlin, M. Buring, l'idée de relever le Crédit
» Foncier, en substituant à la responsabilité indivi-
» duelle de chaque débiteur la garantie collective
» d'une société de propriétaires engagés par contrats
» hypothécaires [1]. »

Cette opération consiste en une association formée entre plusieurs propriétaires ayant besoin de recourir à des emprunts ; à la tête de l'association est un comité d'administration chargé de déterminer les sommes dont on peut faire l'avance à chaque propriétaire, de chercher les capitalistes, de leur servir les intérêts et de leur fournir aux échéances le remboursement du capital ; l'association, en un mot, est un intermédiaire solvable et exact entre le débiteur et le prêteur, intermédiaire au moyen duquel ce dernier n'a à craindre ni les ennuis d'une poursuite, ni des retards dans ses rentrées.

Ce nouveau système, quoique bien défectueux à

---

[1] Rapport à M. Dumas, Ministre de l'agriculture et du commerce, par M. J.-B Josseau, commissaire du Gouvernement, du 2 Janvier 1851.

son origine, eut tout d'abord un grand succès ; les capitaux qui se cachaient sortirent de leur retraite et se dirigèrent vers la propriété foncière, laquelle s'améliora rapidement et redevint, pour la noblesse du pays, une source de richesses; aussi, peu de temps après, il fut adopté dans les états voisins. En 1777, on en fit l'application dans la Marche de Brandebourg; en 1781, dans la Poméranie; en 1782, à Hambourg ; en 1798, dans la Prusse orientale, etc.

Bientôt même, les établissements de Crédit Foncier s'étendirent plus loin, et nous les voyons en 1818 prendre racine en Russie et en Pologne.

L'origine du Crédit Foncier dans l'empire russe est la même qu'en Silésie: en Silésie, c'était la guerre de Sept Ans qui y avait donné lieu; en Pologne et en Russie, ce furent les guerres de l'empire qui forcèrent à y avoir recours.

Les traités de 1815 avaient pacifié ces pays, mais les terres des seigneurs se trouvaient obérées de toutes manières, la culture était négligée, les habitants décimés; pour comble de désastre, on manquait d'argent, et les priviléges de la noblesse empêchaient les capitalistes de lui avancer les sommes dont elle pouvait avoir besoin.

En effet, dans l'empire russe, les terres se divisent en *terres peuplées* et *terres non peuplées*. Les terres non peuplées sont celles dont les habitants ne sont point à l'état de servage, elles sont entièrement dans le commerce et peuvent appartenir à toutes les classes de la population libre.

Dans les terres peuplées, les habitants sont moins des hommes que des choses ; ils sont la propriété du seigneur et ne peuvent quitter la terre sans sa permission ; ils changent de maître avec l'immeuble sur lequel ils sont nés ; en un mot, ils sont eux-mêmes immeubles par destination ; ces sortes de terres ne peuvent, bien entendu, devenir la propriété du premier venu, elles ne doivent être possédées que par la noblesse ou la couronne.

On comprend aisément qu'un capitaliste, la plupart du temps simple et obscur roturier, devait se décider difficilement à accepter pour garantie un domaine de cette nature ; en effet si, pour rentrer dans son capital, il était obligé de s'en prendre à l'immeuble hypothéqué, que lui arrivait-il ? Par une entente réciproque, la classe privilégiée, qui seule pouvait posséder l'immeuble, ne se présentait pas pour acquérir et le prêteur se trouvait réduit à la contemplation passive d'un gage inabordable pour lui et les personnes de sa classe.

Un seul moyen restait donc d'attirer le capitaliste, celui dont M. Buring avait eu l'initiative en Prusse, c'est-à-dire la solidarité entre les propriétaires ; aussi, à la demande des nobles livoniens, l'empereur Alexandre rendit en 1818 un ukase autorisant une banque de *crédit système* dont il fit lui-même les premiers fonds. Le 13 Juin 1825, il autorisa en outre un établissement de Crédit Foncier dans le nouveau royaume de Pologne, à lui échu par le démembrement du Grand-Duché de Varsovie.

Déjà, le 25 Décembre 1821, un établissement analogue avait été fondé par le gouvernement prussien, dans la partie à lui échue de ce Grand-Duché, c'est-à-dire dans celle formant aujourd'hui le duché de Posen et les villes de Dantzig et de Thorn.

Ces deux derniers établissements n'étaient, au surplus, que la reproduction d'une association analogue, décrétée en 1811 dans le Grand-Duché de Varsovie, lorsque le roi de Saxe gouvernait les provinces polonaises. Les établissements de Crédit Foncier, dont nous venons de faire sommairement l'historique, ont donc tous la même origine : *ce sont toujours et partout des seigneurs, des nobles obérés qui cherchent dans l'association et la solidarité un crédit qu'ils ne peuvent se procurer autrement.*

En Allemagne, cependant, plusieurs sociétés de Crédit Foncier ont un but différent. Dans ce pays, les biens des paysans étaient, presque partout, grevés de charges et redevances soit personnelles, soit réelles en faveur des nobles et seigneurs féodaux : l'émancipation ayant pénétré dans ces contrées avec nos armes et nos conquêtes, les propriétaires des biens grevés ont aujourd'hui la faculté de racheter ces charges et redevances, moyennant une indemnité envers les familles qui en jouissent.

La rareté du numéraire dans les campagnes ayant, pendant quelque temps, empêché d'user de ce bénéfice, des établissements ont été fondés dans le but de procurer les fonds nécessaires à ceux qui veulent en profiter ; ce sont notamment : en Saxe, la banque des Rentes foncières, créée le 17 Mars 1832, mais dont les opérations n'ont commencé que le 1ᵉʳ Janvier 1834; l'établissement du Crédit territorial du Hanovre, fondé par ordonnance du 8 Septembre 1840 et modifiée par une autre ordonnance du 18 Juin 1842; l'établissement de la Hesse-Electorale fondé en 1832 sous la dénomination de *Landes crédit casse* ou caisse du crédit territorial, celle du duché de Nassau fondée en 1840, sous la garantie et avec l'initiative du gouvernement.

Un projet d'établissement analogue, sous la dénomination de banque des paysans, est actuellement terminée pour les provinces baltiques et n'attend plus que la sanction de l'empereur; on sait que les paysans de ces provinces ont été affranchis en 1817, à la charge de donner des jours de corvées pour la culture des terres des seigneurs; le but de cette banque est de mettre le paysan affranchi à même d'acquérir personnellement des terres et de se libérer de ces redevances.

Une seule institution de Crédit Foncier fonctionne dans l'empire d'Autriche, c'est l'établissement fondé en Galicie en 1841, par les efforts du prince Léon Sapihea; son organisation passe pour la plus complète parmi les établissements de ce genre, en ce sens qu'elle vient en aide en même temps à la classe noble et à la population des campagnes, mais son élément principal et sa base fondamentale consistent toujours dans la solidarité entre plusieurs propriétaires dans le but de procurer du crédit à chacun d'eux.

L'association la plus vaste et la plus compliquée dans ses opérations est la banque hypothécaire et d'escompte fondée à Munich en 1835, par une société d'actionnaires au capital de 10 millions de florins (21,400,000 fr.).

Cette association, d'une durée de 99 ans, émet des billets dont le cours est forcé. Elle embrasse à la fois les opérations faites en France par la banque de France et ses succursales, les comptoirs d'escompte, l'ancienne caisse hypothécaire, les compagnies d'assurances contre l'incendie et sur la vie, etc., etc. De plus, c'est la seule qui, prêtant sans le secours de la solidarité, ait quelque analogie avec l'établissement du *Crédit Foncier de France*, récemment établi chez nous par le gouvernement [1].

La banque de Munich est à la fois une bonne

---

(1) Voici, par ordre chronologique, la nomenclature des établissements de Crédit Foncier fonctionnant de nos jours :

Celui de Silésie vers	1770.
De la Marche de Brandebourg	1777.
De Poméranie	1781.
De Hambourg	1782.
De la Prusse occidentale	1787.
De la Prusse orientale	1789.
De la Principauté de Lunebourg	1791.
De l'Esthonie et la Livonie	1803.
De Schleswig et le Holstein	1811.
De Mecklembourg	1818.
Du grand-duché de Posen	1822.
Du royaume de Pologne	1825.
Des principautés de Kalenberg	»
Grubenhagen et Hildesheim	1825.
Des duchés de Brême et de Verden	1825.
De Bavière	1826.
De Wurtemberg	1827.
De l'électorat de Hesse-Cassel	1832.
De Westphalie	1835.
De Galicie	1841.
De Hanovre	1842.
Et de Saxe	1844.

opération pour les fondateurs et une institution utile au pays, mais on ne peut tirer de son succès, aujourd'hui bien constant, aucune induction sur les résultats probables du Crédit Foncier de France, en raison des divers éléments dont se composent les opérations de la banque de Munich, et, en outre, en raison de la législation hypothécaire du pays qui diffère essentiellement de la nôtre, en ce sens qu'elle n'admet pas d'hypothèques générales et occultes, et qu'elle exige l'inscription, dans un délai déterminé, des hypothèques légales et judiciares.

Le Crédit Foncier, tel qu'il a été récemment constitué en France, est donc une *création tout à fait nouvelle* [1] pour l'avenir de laquelle on ne peut nullement argumenter du plus ou du moins de succès des établissements en vigueur aujourd'hui chez les autres nations.

Depuis le peu de temps qu'il est établi, il a déjà fait d'immenses opérations [2]; mais ces opérations ont-elles, jusqu'ici, produit les résultats qu'on en attendait ? Les capitaux prêtés sont-ils arrivés à leur véritable destination ? C'est-à-dire ont-ils

---

[1] Il existe bien, en Belgique, la Caisse des propriétaires, établie à Bruxelles en vertu d'un arrêté royal du 8 Juin 1835, et la Caisse hypothécaire, approuvée par arrêté royal du 17 Mars 1835, modifiée par autre arrêté du 16 Octobre 1839. Mais ces établissements sont des spéculations particulières créées, comme l'avait été autrefois l'ancienne caisse hypothécaire de Paris, uniquement dans l'intérêt du capitaliste et nullement pour venir en aide à la propriété foncière; le Gouvernement l'a si bien compris qu'il a saisi l'assemblée belge d'un projet de loi pour la création d'une caisse de Crédit Foncier, mais en même temps et, comme conséquence naturelle et nécessaire au succès d'un établissement de ce genre, d'un projet de loi sur la réforme hypothécaire.

[2] Les prêts autorisés par l'administration du Crédit Foncier de France s'élevaient, fin Octobre 1853, à 36,258,300 fr., « et les demandes à 145,232,770 fr. »

réellement servi à l'amélioration et au dégrèvement de la propriété foncière ? Enfin, pour que l'institution puisse atteindre son but, quelques modifications ne sont-elles pas indispensables aux statuts de la Société et à notre législation hypothécaire ? C'est ce que nous examinerons ultérieurement.

FIN

TABLE DES MATIÈRES

EXPOSÉ PRÉLIMINAIRE

De l'*Alea*, son Caractère, sa Définition, ses diverses Combinaisons	7
Du Tirage au sort	8
Des Contrats d'assurance	10
Du Prêt à la grosse aventure	12
Du Contrat de rente viagère	15

DU JEU ET DE LA BOURSE

Du Jeu proprement dit	21
De la Bourse et de ses diverses opérations	37
Des Arbitrages	66
Des Loteries et Tombolas	72
Des Loteries de bienfaisance et d'encouragement aux Arts	92
Des Valeurs à lots	99
Rentes sur l'Etat et Valeurs à lots (comparaison)	106
Obligations Foncières et Communales avec ou sans lots (Comparaison)	107

DOCUMENTS COMPLÉMENTAIRES

Tableau de la Dette des divers Etats européens	118
Tableau des Revenus des principales Valeurs	119

CRÉDIT FONCIER DE FRANCE

Extrait de la Séance de la Chambre des Députés du 1er Février 1881	123
Etude Historique sur le Crédit Foncier, (Communication par M. GODA à l'Académie de Reims, années 1853-1854.)	177

www.ingramcontent.com/pod-product-compliance
Lightning Source LLC
Chambersburg PA
CBHW052253220526
45471CB00001B/311